KB081444

나중에 온
이 사람에게도

존 러스킨 경제학의 정수

나중에 온 이 사람에게도

존 러스킨 경제학의 정수

초판 4쇄 인쇄 2024년 1월 18일
초판 4쇄 발행 2024년 1월 25일
지은이 | 존 러스킨 John Ruskin
옮긴이 | 곽계일
펴낸곳 | 아인북스
펴낸이 | 김지숙
등록번호 | 제2014-000010호
주소 | 서울시 금천구 가산디지털2로 98 B208호
        (가산동, 롯데아이티캐슬)
전화 | 02-868-3018   팩스 | 02-868-3019
메일 | bookakdma@naver.com

ISBN | 978-89-91042-81-0   03320

■ 이 도서의 국립중앙도서관 출판예정도서목록(CIP)은 서지정보유통
지원시스템 홈페이지(http://seoji.nl.go.kr)와 국가자료종합목록 구
축시스템(http://kolisnet.nl.go.kr)에서 이용하실 수 있습니다.
■ (CIP제어번호 : CIP2020046020)

나중에 온
이 사람에게도

존 러스킨 경제학의 정수

존 러스킨 지음 | 곽계일 옮김

인간이 추구해야 할 유일한 부는 곧 「생명」이고,
이 「부」를 얻기 위한 선결조건은 「정직」과 「애정」이다.

아인북스

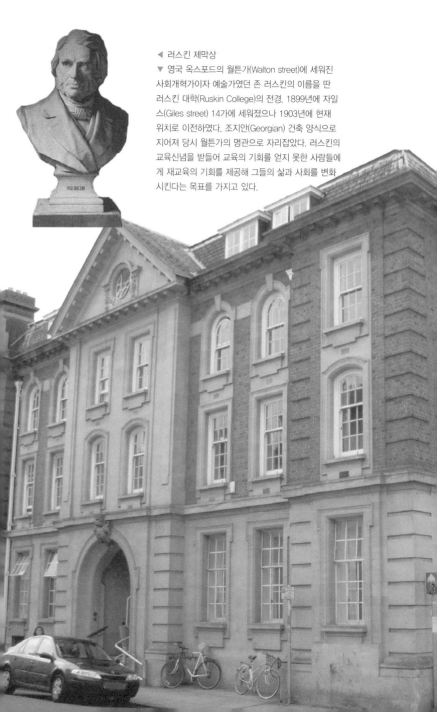

◀ 러스킨 제막상

▼ 영국 옥스포드의 월튼가(Walton street)에 세워진 사회개혁가이자 예술가였던 존 러스킨의 이름을 딴 러스킨 대학(Ruskin College)의 전경. 1899년에 자일스(Giles street) 14가에 세워졌으나 1903년에 현재 위치로 이전하였다. 조지안(Georgian) 건축 양식으로 지어져 당시 월튼가의 명관으로 자리잡았다. 러스킨의 교육신념을 받들어 교육의 기회를 얻지 못한 사람들에게 재교육의 기회를 제공해 그들의 삶과 사회를 변화시킨다는 목표를 가지고 있다.

▶ 엘리엇 & 프라이 사진관에서
찍은 존 러스킨의 초상 (1879)

▶ 키스윅에 세워진 러스킨 기념비

주인이 그 중의 한 사람에게 대답하여 이르되

"친구여 내가 네게 잘못한 것이 없노라.

내가 너와 한 데나리온의 약속을 하지 아니하였느냐.

네 것이나 가지고 가라. 나중에 온 이 사람에게

너와 같이 주는 것이 내 뜻이니라."

— 〈마태복음〉 제20장 13~14절

내가 그들에게 이르되

"너희가 좋게 여기거든 내 품삯을 내게 주고

그렇지 아니하거든 그만두라."

그들이 곧 은 삼십 개를 달아서 내 품삯을 삼은지라.

— 〈스가랴서〉 제11장 12절

머리말

이 책의 총 4편으로 이루어진 본 논문들은 1년 반 전에
《콘힐 매거진The Cornhill Magazine》에 연재 되었고, 지금까지
내 귀에 들린 바에 따르면 대부분의 독자들로부터 거친 비판
을 받았다고 한다.

한 점 부끄럼 없이 말하건대, 이 논문들은 내가 지금껏 써
왔던 어떤 글들보다 훌륭하고, 진실하며, 필요한 말들만 사
용했고, 또한 사회에 유익을 주는 글이라 믿는다. 특히, 마지
막편은 가장 심혈을 기울인 부분으로, 아마 내가 앞으로 쓸
글들 중에서도 최고가 아닐까 싶다.

이에 대해 어떤 독자들은 이렇게 응수할지도 모른다. "당

신 말에 일리도 있지만, 솔직히 그리 훌륭한 저술은 아니오."
그런 류의 반응들을 겸허히 수용하면서도, 그리고 내가 지금
껏 써온 글들 중 어느 하나에도 제대로 만족을 못했으면서
도, 이 논문들에 대해서만큼은 스스로 만족하고 있다.

  빠른 시일 안에 이 논문들에서 다루고 있는 논제들을 계속
해서 깊이 있게 연구해 나갈 예정인데, 그 사이에 그 논제들
에 대해 관심이 생기는 사람 누구나 먼저 이 논문들에 소개
된 개론적 내용들을 참고하면 도움이 될 듯싶어 매거진에 연
재했던 4편의 논문들을 그대로 묶어 책으로 출판하게 된 것
이다. 질량 값의 수치 하나만 바꾸었을 뿐 어떠한 단어도 새
로 덧붙이지 않았다.(세 번째 논문에서 정당한 보수에 대해
논하면서, 빌려준 노동력을 갚을 때는 그 노동력에 의해 발
생한 이익까지 고려하여 처음에 빌린 노동력보다 더 많은 노
동력으로 갚는 것이 정당하다고 주장하면서 러스킨은 빵 1
파운드는 나중에 그보다 1온스 더 많은 빵 17온스로 돌려줘
야 한다는 예를 든다. 논문이 처음 잡지에 게재되었을 당시 1
파운드는 12온스였고 그래서 그보다 1온스 더 많은'13온스'
를 돌려줘야 한다고 논문에 적었으나, 이후 단위개량에 의해

1파운드가 16온스로 개정되면서 13온스를 '17온스'로 수정한다.)

본 논문들에서 더 이상 수정할 것이 없음에도 한 가지 마음에 걸리는 것이 있다면 내가 논문을 통틀어 주장한 것 중에서 가장 획기적으로 역설力說했던 주장, 즉 첫 번째 논문에서 주장한 '노동별 고정임금 책정'의 당위성에 관한 것이다. 이 주장에 오류가 있기에 유감스럽다는 것이 아니라, 전 논문들을 통틀어 가장 핵심적인 주장이 아닌데 마치 그런 것처럼 비춰져서 유감스럽다는 것이다. 본 논문의 골수, 그 핵심적 의미와 목적은 다름 아닌 '부富에 대한 합당한 정의'를 내리는 것이다.(부의 정의에 대해서는 플라톤과 크세노폰이 고급 헬라어로, 그리고 키케로와 호라티우스가 고급 라틴어로 심심치 않게 다루어 왔는데, 평이한 영어로는 내가 처음인 듯하다) 왜냐하면 부에 대한 합당한 정의야말로 경제학의 기초로써 반드시 전제되어야 하기에 그렇다. 최근 이 주제를 다룬 논문 중에서 가장 좋은 평판을 얻은 한 논문은, 경제학 분야에 몸담고 있는 저술가들은 자신들에 대해 '부란 무엇인가를 가르치거나, 혹은 연구하는 사람들이라고 소개한다…….'¹라고 시작해서 다음과 같이 논제를 선언하고 있다.

"'부란 무엇인가'라는 질문에 대해 사람들은 저마다 일반적인 대화에서 사용하기에 무리 없는 적당한 답들을 가지고 있다. 그렇기에 본 논문은 형이상학적으로 세부적인 차원에서 부의 정의를 다루지 않을 것이다."

형이상학적인 차원에서 세부적인 부의 정의란 실제 삶에서 부딪치는 문제들과 관련해 우리에게 필요한 것은 형이상학적인 차원이 아닌 형이하학적인 차원에서 세부적이고 또한 논리적으로 타당한 정의다.

예를 들어 논의의 주제가 집안의 법도(그리스어 oikonomia)가 아닌 천체의 법도(그리스어 astronomia)라고 가정해보자. 그리고 경제학자가 '태양 같이 자체 발광하는 부'와 '별과 같이 반사되어 빛나는 부'의 차이를 무시한 것처럼, 저자는 '항성恒星'과 '유성流星'의 엄연한 차이를 무시한 채 다음과 같이 논의를 시작했다고 치자.

"'별이란 무엇인가'라는 질문에 대해 사람들은 저마다 일

---

1 둘 중 어느 쪽이라는 것인가? 연구할 대상을 가르친다는 것은 불가능하기에 묻는 것이다.

반적인 대화에서 사용하기에 무리 없는 적당한 답들을 가지고 있다. 그렇기에 본 논문은 형이상학적으로 세부적인 차원에서 별의 정의를 다루지 않을 것이다."

이렇게 시작된 논문이 마지막에 이르러서는 '별이란 무엇인가'에 대해 예상했던 것 이상의 훌륭한 정의를 제시했을지도 모를 일이고, 또한 통념적으로 사용되고 있는 부의 개념에 근거해서 쓰여진 논문들이 경제학자들에게 기여한 것보다 수천 배 이상 항해사들에게 도움이 되었을지는 모를 일이다.

그러므로 부에 대해 정확하면서도 탄탄한 정의를 제시하는 것이 본 논문의 첫째 목적이다. 둘째 목적은 부의 획득은 궁극적으로 한 사회가 어떤 수준 이상의 도덕적 조건을 갖추었을 때 가능하다는 것을 보여주는 것이다. 한 사회의 도덕적 수준을 가늠하는 첫째 기준은 정직이 존재한다는 믿음과 실제로 이 도덕적 가치를 획득할 수 있다는 믿음이다.

'신이 만든 작품들 중에 무엇이 가장 고귀한가. 혹은 그렇지 않은가'라는, 인간의 판단으로는 끝내 결말지을 수 없는 주제를 섣불리 화두로 꺼내기보다는 우리 모두가 바로 수

긍할 수 있는 화두를 꺼내는 게 좋겠다. 시인 알렉산더 포프는 신의 최고의 작품에 대해 논하면서, 정직한 인간이야 말로 현재 우리 눈에 보이는 신의 작품들 중 최고이며 가장 보기 드문 작품이기는 하나, 그렇다고 해서 도저히 믿을 수 없거나 기적적이기까지 한 정도는 아니기에 우리 사회에서 아직까지는 비정상적인 사람으로 취급하기에는 힘든 작품으로 묘사했다.[2] 정직의 가치는 순리적으로 굴러가고 있는 경제의 궤도를 망가뜨리는 힘이 아니다. 오히려 이 도덕적 가치를 지키는 것이, 아니 '오직' 이 가치를 지키는 것만이 사회적 혼란을 평정하며 전진하는 경제의 궤도를 계속 유지하고 움직이는 추진력이라 하겠다.

포프의 도덕적 기준이 고상하지 않고 저속하다며 이따금씩 사람들이 다음과 같이 그를 비난하는 소리를 들은 것이 사실이긴 하다.

"정직은 분명 고결한 미덕 중의 하나이다. 그러나 인간이라면 정직보다 더 고상한 미덕까지도 추구해야 되지 않겠는가! 우리에게 요구하는 최고의 미덕이 고작 정직뿐이란 말인가?"

---

2 Alexander Pope(1688~1744)의 《인간론》 제4장 247행 참조 _역자주

오! 고상한 친구들이여, 불행히도 현재 상황은 그렇다네. 정직보다 더 고상한 미덕에까지 도달하려는 열망에 눈이 멀어 우리는 그만 정직한 인간이 되어야 할 타당성마저 보지 못하는 듯 하기에, '그 밖에 우리가 믿음을 상실한 가치들 중에 또 어떤 것이 있는가'라는 질문을 던져 문제를 더는 확대시키지 않겠지만, 우리가 평범한 미덕인 정직에 대한 믿음과 이 가치가 우리 삶에 미치는 영향력에 대한 믿음을 상실하였다는 점은 분명히 짚고 넘어가고 싶다. 그렇기에 이 가치에 대한 무형無形의 믿음과 더불어 무형적 믿음을 담아내는 유형有形의 사회기반을 회복하고 유지하는 것이 우리의 당면한 과제인 셈이다. 실직에 대한 두려움이 아닌 다른 동기에서 속임수를 쓰지 않는 사람들을 실제 목도함으로써[3] 더 나아

---

3 "노동자를 다스리는 효과적인 제재는 생산조직의 제재가 아니라 소비고객의 제재다. 노동자의 기만행위를 방지하고 태만함을 개선시키는 힘은 다름아닌 실직에 대한 두려움인 것이다."(아담 스미스, 《국부론》 제1권, 10장)
제 2판에 덧붙이는 각주脚註 ─ A. 스미스의 《국부론》 중 이 부분과 관련하여 꼭 한 가지 언급하고 싶은 것이 있는데, 독자들 중에 기독교 신자분들은 이런 글들을 읽으며 고개를 끄덕거려 수긍하는 사람, 그리고 심지어는 이런 글들을 저술하기까지 하는 사람들의 영혼이 얼마나 저주받은 상태에 던져져 있는지 마음속 깊이 고찰해보기를 진지하게 요청한다. 그 다음엔, 이런 세태에 반하여, 베네치아 최초의 교회에서 발견한 상업과 관련된 도시 최초

가 어떤 국가든지 그런 사람들이 많을수록 그 국가가 더 오래 존속하며 또 존속할 수 있다는 사례를 목도함으로써 우리는 정직의 존재와 영향력에 대해 내적으로 믿을 뿐만 아니라 경험을 통해 외적으로도 이 믿음의 실존을 확인할 수 있을 것이다.

본 논문들에서 다룰 주요 논제들을 정리하자면 바로 '부의 정의'와 '정직의 회복과 유지'라 하겠다. 노동의 재편再編에 대한 문제는 필요가 있을 때만 다룰 것이다. 왜냐하면 다음과 같은 전제 조건이 성립된다면 쉽게 풀릴 수 있는 성질의 문제이기 때문인데, 만약 경제계의 거물들이 적정 수준 이상의 정직성을 갖추게 된다면 노동의 재편은 그리 어렵지 않게

의 문구에 대해서도:

"이 성전을 중심으로 상인의 법은 공정하고, 계량은 참되며, 그리고 계약에는 속임수가 없을 지니라."

이 책의 독자들 중 내가 이 각주에서 사용한 언어가 너무 거칠거나 도가 지나치다고 생각되거든, 그런 분들께는 나의 또 다른 저서 《참깨와 백합》의 제 18번째 문단을 주의 깊게 읽어보라고 권하고 싶다. 따라서 내가 글을 쓸 때에는 심사숙고한 뒤에 그 해당 논지에 도저히 적합하지 않다고 판단되는 단어는 결단코 사용하지 않는다는 점을 확인해주었으면 싶다.

1877년 3월 18일, 일요일
이탈리아 베네치아에서

이루어질 수 있고, 더 나아가 분쟁과 진통 없이 순조롭게 이루질 것으로 보인다. 그러나 만약 이 전제 조건이 성립되지 않는다면 요원한 일이다.

노동의 재편을 가능케 할 그 외 여러 조건들에 대해서는 속편에서 긴 지문을 통해 자세히 검토할 작정이다. 그렇지만 여기에서는 독자들이 나의 의견에 동의하기를 바라는 정치적인 신념들 가운데서 가장 극단적인 것들을 단도직입적으로 밝힐 작정인데, 그 이유는 앞으로 조건들의 기본 원칙들을 조사해 나가면서 던지는 암시들을 통해, 혹 독자들이 미처 자신들도 예상치 못한 위험한 곳으로 끌려가고 있는 듯한 불안감에 사로잡힐 가능성을 미연에 방지하기 위해 미리 선을 긋는 것이다.

첫째, 국가 전역에 걸쳐 청소년들을 위한 직업훈련학교가 정부 예산[4]과 감독 하에 설립되어야 한다. 그리고 이 나라에

---

4 근시안적인 사람들은 아마도 학교 설립과 운영을 위한 재정을 어디에서 충당할지에 대해 궁금증을 품을지도 모르겠다. 그 궁금증에 대한 직접적인 대답은 나중에 좀더 전문적인 언어를 사용해서 기술하기로 하고, 한 가지 여기서 둘러 말할 수 있는 것은 그 학교들이 충분히 자급자족하고도 남을 것이라는 사실이다. 이런 학교들을 통해 (현재 유럽의 고가품 시장에서 가장 값

서 태어나는 모든 어린이들은 부모의 동의하에(특별한 경우에는 체벌 차원에서 강제로) 학교에 입학하여 수료하도록 해야 한다. 이 학교에 다니는 아이들은 이 나라가 제공할 수 있는 최상의 교육지원 아래서 다음 세 가지 항목을 필수적으로 배우게 될 것이다.

(a) 건강 향상과 이를 위한 운동법

(b) 온유하고 정의로운 심성이 몸에 배도록 습관화하는 법

(c) 생계를 위한 직업훈련

둘째, 직업훈련학교와 연계되어 정부의 전적인 관리 하에 각종 생필품의 생산과 판매가 이루어지고, 동시에 모든 산업에 유용한 기술을 연마할 수 있는 공장과 공방이 설립되어야 한다. 그리고 정부가 사기업에 어떤 간섭도 가하지 말아야 하며, 개인 기업들 간의 거래에 대해 어떠한 제재나 세금을 부가하는 일이 없도록 해서, 공기업이나 사기업이나 최선을 다해 경쟁할 수 있는 환경을 조성하되 가능하면 사기업이 공

비싼 품목 중의 하나인) 범죄를 줄임으로써, 그 차이로 벌어들이는 수입만으로도 학교에 필요한 운영기금의 열 배 이상은 충당할 수 있을 것이다. 범죄율 하락과 함께 범죄방지에 소비되던 노동력이 고스란히 보존될 터인데, 그 규모는 현재로선 가늠해보기 어려울 정도로 막대할 것이다.

기업을 앞지르면 좋다. 아울러 사기업들이 모범으로 삼도록 공기업의 공장이나 공방에서는 표준공정을 거쳐 순정품이 생산되고 판매되어야 한다. 그래서 누구나 정부가 정한 표준 가격을 지불할 때면 그 돈으로 빵다운 빵, 맥주다운 맥주, 그 리고 노동다운 노동을 얻었다고 신뢰할 수 있어야 한다.

셋째, 남자든 여자든, 혹은 소년이든 소녀든, 누구든지 일 자리가 없는 사람은 바로 거주지에서 가장 가까운 거리에 위 치한 직업훈련학교에 들어가도록 해야 한다. 그런 뒤, 검사 를 바탕으로 적성과 능력에 적합한 일자리가 생기면 그 자리 에 고용되어 일 년마다 정해진 노동임금을 받고 일해야 한다. 무지함 때문에 일할 수 없는 사람은 일할 수 있도록 가르쳐 야 하며, 질병으로 일할 수 없는 사람은 일할 수 있도록 치료 해 주어야 한다. 그렇지만 일하기를 꺼려하는 사람은 빠져나 갈 구멍이 없도록 철저한 강제력을 동원해서 광산이나 여타 위험한 곳 등 고된 노동 분야 중에서도 보다 더 힘들고 비천 한 일에 종사시켜야 한다.(물론 작업장의 위험 요소들은 세심 한 규정과 규율을 통해 최대한 제거되어야 하겠다) 이런 경우 에 해당하는 노동임금에 대해서는, 지급되어야 할 임금 중에서 강제력 행사에 들어간 비용을 뺀 나머지를 유보하였다가, 그 노동자가 고용규례를 존중하고 따를 건전한 의식을 갖추게 될 때 비로소 그 유보된 임금을 돌려주면 될 것이다.

마지막으로, 노년층과 빈곤층에 속한 사람들에게 주택과 함께 안락한 생활이 제공되어야 한다. 앞에서 언급해온 노동 규례대로 일한 사람들이 불행을 당한 경우에 받을 이러한 사회적 혜택은 결코 수치로 여길 것이 아니라 도리어 명예로 여김이 마땅하다. 그 이유는 다음과 같다. "중류층의 인사가 검이나 펜, 혹은 의료용 칼을 가지고 국가를 위해 기여하듯이, 노동자는 호미를 가지고 국가를 위해 기여한다. 만약 노동자의 공로가 중류층 인사의 공로에 비해 가치가 떨어진다 하여 그가 건강한 몸을 가지고 노동하여 얻는 수입도 비교하여 더 적다고 치면, 그가 건강을 잃어 일을 하지 못할 때의 수입은 그보다 더 적을 수밖에 없으리라. 그러나, 이것이 그가 갖는 명예의 가치마저 더 떨어진다는 의미는 아니다. 지체 높은 사람이 국가에 기여한 공로를 인정받아 국가로부터 연금을 받는 것과 마찬가지로 노동자가 자기 교구에 기여한 공로를 인정받아 교구로부터 연금을 받는 것은 지극히 당연하다."(이 구절은 내 저서 가운데《예술경제론》에서 그대로 옮긴 것으로, 보다 상세한 이해를 원하는 독자는 그 책을 참고하기 바란다)

마지막 주장에 대한 결론을 맺기 위해 삶과 죽음과 관련한 인과因果와 응보應報의 측면에서 한마디 덧붙이자면, 발레리우스 푸블리콜라의 마지막 가는 길 위에 바쳤던 리비우스의 헌정 중에 보이는 "그의 장례식은 국비보조로 치러졌다"는 문구[5]가 어느 누구의 묘비명의 마지막 구절로서 사용되더라도, 그가 지위가 높은 사람이었든 낮은 사람이었든 동일하게, 이것으로 그의 생애가 불명예스럽게 결론지어지는 것은 결코 아니라 말하고 싶다.

나는 이러한 신념들을 가지고 있고, 앞으로 이 신념들이 가지고 있는 다양한 면면들을 힘이 닿는 데까지 밝혀 설명하고 예증해 나가면서, 그 과정 중에 발생하는 부수적인 주제

━━━

[5] "전시에나 평시에나 탁월한 능력을 발휘한 집정관이었다는 데에 모든 사람의 평판이 일치하는 발레리우스 푸블리콜라는 이듬해에 영광스러운 죽음을 맞이했다. 궁핍한 경제 사정으로 인해 장례비용마저 부족했기 때문에, 그의 장례식은 국비보조로 치러졌다. 그를 기억하는 노파들은 브루투스가 죽었을 때처럼 그의 죽음을 애도했다."(리비우스의《로마 건국사》제2권, 16장)

들에 대한 연구도 병행해 나가려 한다. 독자들이 나의 궁극적인 의도에 대해 의심과 불안의 눈초리를 가지고 논문들을 읽지 않도록 앞서 내가 믿는 신념들에 대해 간략하게나마 소개하였다.

　독자들에게 잊지 말고 기억해주기를 당부하는 것은, 인간성의 구성요소와 같이 모든 것을 다 이해하기는 지극히 어려운 주제를 다루는 연구를 통해서는 어떤 계획이 성공할 것인가 하는 구체적인 답을 기대하긴 어렵고, 다만 우주를 구성하는 근본원리들의 토대가 되는 진리들에 대한 접근만 가능케 한다는 점이다. 사실 우리 손에 쥘 수 있다고 믿는 확실한 것들엔 늘 불확실함이 따르기 마련이고, 궁극적으로 우리 손에 쥐어지는 것들은 결국 이해하기 어려운 것들뿐이다.

차례

일러두기

1. 원문은 '펭귄 클래식'판《Unto This Last, and Other Writings》(Clive Wilmer 편집. 주석, 1986년 초판)을 완역하였다.
2. 〈부록〉존 러스킨에 대한 마하트마 간디의 두 편의 수필 전문은 '옥스포드 클래식'판《Mahatma Gandhi, The Essential Writings》을 사용하였다. (Judith M. Brown 편집, 2008년 초판)
3. 본문 중의 성경 구절은 대한성서공회에서 발행한《성경전서 개역개정》에서 인용하였다.
4. 라틴어는 이탤릭체로 구분하였다.
5. 1920년대 초반까지는 정치경제학(political economy)이 경제학과 동일한 용어로 쓰였다. 그러나 엄밀하게 정치경제학은 막스 베버(Max Weber)와 카를 마르크스(Karl Max)의 경제학에서 비롯되었으며 주로 상업화와 집중화와 같은 자본주의 비판 이론을 의미한다.
   원문은 '정치경제학'이라고 표기하였으나 여기서는 '경제학'으로 표기하였다.

제 1 편

명예의 근원
the roots of honour

Unto This Last

> 너의 정직은 종교나 정책에 기초해서는 안 된다.
> 너의 종교와 정책이 정직에 기초해야 한다.
>
> – 존 러스킨

인류의 역사에서 다양한 시대를 통해 대중의 마음을 사로잡아온 여러 망상들 가운데 가장 기이한 망상은 아마도 '인간과 인간 사이에 존재하는 상호 애정이라는 요소를 배제할 때 더욱 진보된 사회적 행동규범을 갖게 된다.'는 관념에 뿌리를 두고 있는, 소위 '경제학'이라 불리는 현대 학문인 것 같다.(믿을 근거가 가장 부족한 망상임에는 틀림없다)

물론 연금술이나 점성술 그리고 마술 같은 미신과 마찬가지로, 경제학도 나름대로 그럴듯한 관념 위에 뿌리를 두고 있다. 경제학자의 주장을 들어보라. "인간의 타인을 향한 애정은 돌발적이고 변덕스런 인간성의 요소인 반면, 진보에 대한 목마름과 배고픔은 항시적인 요소다. 그러므로 인간성에서 가변적인 요소를 제거해 단순히 탐욕을 추구하는 기계로 전제한 뒤, 이 기계가 어떤 노동, 구매, 판매의 법칙을 따를 때 결과적으로 최대의 부를 축적할 수 있는지 조사해보자. 이 조사에 근거해 경제 법칙들이 한 번 정립되기만 한다면, 각 개인도 새롭게 설정된 법칙의 체계 안으로 자신이 원하는 만큼 변덕스런 애정의 요소를 허용함으로, 그때 발생하는 결과마저도 스스로 조절할 수 있을 것이다."

애정이라는 인간성의 요소가 경제 법칙의 체계 안으로 들어온 후에도 그 전에 체계 밖에서 지녔던 돌발적인 성질을 그대로 유지한다는 전제 조건이 성립할 때 이 주장은 논리적 결점이 없는 훌륭한 분석이 될 수 있다. 항시적인 힘과 가변적인 힘으로부터 모두 영향을 받을 수 있는 운동 물체가 있다고 가정해보자. 이 물체의 운동 방향성을 조사해보는 가장 단순한 실험 방법은, 먼저 지속적인 힘의 조건 하에 물체의 운동 경로를 추적한 다음 조건을 다르게 하여 경로의 변화를 추적하는 것이다. 하지만 사회 문제에 있어 가변적인 요소들은 추가된 그 순간부터 연구 대상인 생명체를 본질적으로 바꾸어 놓는다는 면에서 항시적인 요소들과 근본적으로 성질이 다르다. 이 요소들의 작용은 수리적인 대신에 화학적이기에, 기존 사회 조건 안에서 성립됐던 우리의 지식을 모두 무효화시키는 새로운 사회 조건을 조성한다. 수차례의 실험 결과로 우리는 이제 순수 질소(N)를 안전하게 다루는데 어떤 불안감도 없다고 자신하고 있다. 그러나 실제 산업용으로 쓰기 위해 다뤄야 하는 것은 순수 질소가 아닌 그것의 염화물이기에, 이 물질을 순수 질소 다루듯 자신만만하게 다루었다가는 폭발하여 우리 몸을 실험기구와 함께 실험실 천장을 뚫고 날려 보낼 것이다.

물론 경제학의 전제조건을 인정하고 받아들일 수 있다면 그 결론을 비판하고 의심할 하등의 이유가 없다.

난 단지 뼈 없는 인간을 가정한 체조학에 관심이 없듯이 영혼 없는 인간을 가정한 경제학에 관심이 없을 뿐이다. 뼈 없는 인간을 위한 무용학을 추론해보자면 체조 선수들을 돌돌 뭉쳐 환약처럼 만들거나 평평하게 쌓아 케이크처럼 만들거나 혹은 엿가락처럼 몸통을 길게 늘어뜨리는 멋드러진 장면 연출이 가능할 것이다. 공연 뒤에 체조 선수들의 몸에 다시 뼈대를 집어넣으면 그들의 신체에 일어날 여러 불편함에 대해서도 추론이 가능하다. 뼈 없는 인간을 위한 체조학이 추구하는 연역적 추론은 경이롭기까지 하고 그 결론은 참되나, 다만 실제적 적용이 도저히 불가능할 뿐이다. 현대 경제학 또한 이 체조학과 비슷한 바탕 위에 세워져 있다. 다만 차이가 있다면, 뼈 없는 인간이 아닌 뼈만 있고 영혼은 없는 인간에 대한 이해를 바탕으로 흔들림 없는 확고한 진보의 이론적 골격을 세우고 있다는 점이다. 그리고 뼈를 조합하여 만든 가능한 모든 형태의 신체 골격 위에다가 두개골과 상박골을 이용해 구현한 갖가지 진기한 기하학적 형태의 해골을 올려놓은 뒤, 이 미립자 물질로 이루어진 구조체 안으로 영혼이라는 비물질이 다시 결합되면 어떤 불편함이 발생할지 훌륭하게 증명하고 있다. 나는 경제학의 이론적 진위를 부인하지 않는다. 다만 이 이론이 현재 우리가 살아가고 있는 현실과 맞닿는 적용점을 부인할 뿐이다.

경제학의 적용성의 부재는 흥미롭게도 최근 노동 파업으

로 인해 사회 혼란이 발생하였을 때 드러났다. 경제학에서 최우선 과제로 다루지 않으면 안 되는 '고용주와 고용인의 관계'에 대한 문제가 이 단적인 사례에서 포괄적이고 명확하게 드러났다. 다수의 생계와 다량의 부가 심각한 위기에 처한 중대한 시점에서 경제학자들은 오리무중이었고, 사실 꿀먹은 벙어리들이었다. 그들은 실타래처럼 엉킨 사안을 두고 대립 중인 노사 양자를 설득하거나 진정시킬 수 있는 어떤 해결책도 제시하지 못했다. 고용주 측은 완강하게 자신들의 지지 견해를 고집하고 있고, 노동자 측 또한 완강하게 반대 견해를 고집하고 있는 상황에서 그 어떤 정치사회학도 양측의 합의를 이끌어내지 못했다.

합의를 이끌어냈다는 소식이 들렸다면 오히려 더 이상했을 것이다. 왜냐하면 어떤 종류의 '학문'도 사람들을 하나로 묶는 것을 그 목적으로 삼지 않기 때문이다. 어느 누구나 중재자라는 사람들은 하나 같이 고용주들의 이해관계가 고용자들의 이해관계와 상반되는지 그렇지 않은지를 밝히는데 헛수고를 쏟고 있다. 누구 하나 노사 양측의 상호 이해관계가 반드시 그리고 언제나 상반 관계 혹은 적대 관계만이 아님을 지각하지 못하는 듯하다. 먹을 음식이라고는 빵 한 조각 남은 집안에서 어머니와 자녀들이 모두 허기져 있다면 이들 사이의 이해관계는 평행 상태에 있지 않다. 어머니가 빵을 먹고 있으면 자녀들은 자신들도 달라고 보채겠지만, 자녀들이 빵을 먹고 있으면 어머니는 허기진 배를 졸라매고 일터로 향할 것이다. 어머니와 자녀들 사이의 이해관계를 반드시 '적대적'이라고 해석해야 하는가, 그래서 그들이 빵을 두고 싸운 결과, 결국 가장 힘이 센 어머니가 자녀들로부터 빵을 쟁취하여 먹는다고 말해야 한단 말인가. 어떤 관계가 되었든 다른 인간 관계에서도 마찬가지로, 서로의 이해가 다르다고 해서 반드시 적개심을 가지고 서로를 대하며, 이익을 얻기 위해 반드시 어떤 수단 방법도 가리지 않을 것이라고 단정지을 수 없다.

설령 이 단정이 사실이라 해도, 즉 논리적 편의를 위해 인간의 도덕 수준이 쥐나 돼지의 그것과 별반 다를 것이 없다고 단정 짓는 것이 정당하다고 해도, 여전히 이 단정에 대한 논리적 전제조건이 모호한 상태로 남아있다. 즉 고용주와 노동자의 상호 이해관계가 전적으로 상응하든지 아니면 전적으로 상반한다고 선을 그어 말하기 어려운 것이, 상황에 따라 그 어느 관계도 될 수 있기 때문이다. 일이 제대로 이루어지고, 그 일에 대한 정당한 대가를 받는 경우는 언제나 고용주와 노동자 모두에게 이익이 된다. 하지만 이익을 분배하는 과정에서 한 쪽이 이익을 얻으면 상대 쪽이 손해를 보기도 하고, 그렇지 않기도 하다. 지나치게 적은 임금으로 인해 노동자가 의욕을 상실한 채, 무기력하게 일한다면 고용주에게도 결코 이득 될 것이 없다. 반면 지나치게 높은 노동 임금을 지급하느라 상대적으로 고용주의 이익이 줄어 사업 확장에 지장이 있거나 사업을 뜻한 대로 경영할 수 없는 상태에 처하면, 그 또한 노동자에게 결코 이득 될 것이 없다. 회사가 증기기관을 수리할 수 없을 만큼 자금난을 겪고 있다면 화부는 절대로 회사에 고액의 임금을 요구해서는 안 될 것이다.

이외에도 고용주와 노동자 간의 상호 이해관계를 결정하는 변수는 한없이 다양하기 때문에, 인간의 모든 행동 양태를 '득실의 균형'이라는 해석 논리로 귀납시키는 것은 헛수고일 뿐이다. 아니, 그런 노력은 본래 헛수고로 돌아가도록 되어 있다. 인간을 향한 조물주의 의도는 '득실의 균형'이 아닌 '정의의 균형'을 추구하며 사는 것이기 때문이다. 그렇기에 신은 우주 만물의 창조부터 현재까지 이해득실을 따지고 드는 인간의 모든 노력을 헛수고로 만들어 왔다. 인류의 전역사를 통틀어 그 누구도 어떤 일련의 행동과 사건들이 이해득실에 있어서 자신과 타인에게 어떤 궁극적인 결과를 초래할지 알지 못했고, 아니 그 누구에게도 아는 것 자체가 허락되지 않았다. 다만 어떤 행동이 옳고 그른지에 대해 분별하는 것은 허락되었기에, 우리 대부분은 실제로 알고 있다. 신이 우리로 하여금 알도록 허락한 것이 또 하나 있다면, 비록 '최고의 이득'이 무엇인지 혹은 그 최고가 '어떻게' 이루어지는지에 대해선 정확하게 설명하지 못해도 정의를 추구할 때, 결국 우리 자신과 이웃 모두에게 궁극적으로 최고의 이득을 안겨 준다는 것이다.

지금까지 '정의의 균형'이라는 용어를 사용하면서, 나는 '정의'라는 단어를 한 사람이 타인을 향해 품는 '애정'을 내포하는 의미로 사용하였다. 고용주와 고용인雇傭人이 바람직한 관계를 유지하면서 서로에게 최대 이익을 안겨줄 수 있는 비밀은 바로 정의와 애정이다.

고용주와 고용인의 관계를 단순하면서 가장 적절하게 보여주는 예를 들면 집주인을 섬기는 하인의 처지에서 찾아볼 수 있다.

　다음과 같은 집주인이 있다고 가정해보자. 이 주인은 자신이 지급하는 임금에 따른 노동 한도 내에서 하인들을 최대한 부려먹지 못해 안달이다. 하인들이 한 눈 팔 틈을 한시도 주지 않으면서 최소 생계를 유지할 정도의 의식주를 제공한다. 게다가 하인들이 도저히 버티지 못하고 자신을 떠나지 않을 한도 내에서 매사를 정해진 기한 내에 마치도록 닦달한다. 통념적인 의미의 '정의'를 기준으로 판단했을 때, 하인들에 대한 이 주인의 처우에는 문제가 없다. 하인의 시간과 봉사를 전적으로 소유하기로 계약하였고, 그에 따라 자신의 권리를 행사하고 있을 뿐이다. 하인들의 노동 한도량은 이웃 동네의 다른 집 주인들과 합의한 사회적 관례, 즉 가사노동에 대한 시세 가치를 따라 지키고 있다. 더 나은 일자리가 생기면 하인은 자유롭게 그 자리로 옮길 수 있고, 새 주인이 요구하는 일정의 노동량을 통해서 하인은 자신의 노동에 대한 시세 가치를 알게 될 것이다.

집주인과 하인 사이의 관계에 대한 경제학 전문가들의 관점이 이러하였다. 이 관점에 따른 시장 질서를 통해 하인들로부터 평균 최대의 노동력이 산출되면, 사회에 최대의 이익이 안겨지고, 사회의 환원을 통해 그 혜택이 역으로 하인 자신에게도 돌아갈 것이라고 경제학자들은 주장한다.

하지만 실제는 그들의 주장과 다르다. 만약 하인이 증기력이나 자기력이나 중력 같은, 수치 계산이 가능한 자원을 그 동력으로 삼는 기관이라면 그들의 주장에 설득력이 있겠지만, 그런 동력 기관들과 달리 하인이란 존재는 영혼을 동력으로 삼는 기관이다. 영혼이라는 이 수량 계산이 불가능한 특수한 동력은 경제학자들이 모르는 사이 그들의 방정식 안으로 스며들어 그들의 계산 결과를 모두 어질러 놓는다. 사람이라는 동력기관은 특별하여 보수나 외압이나 다른 어떤 종류의 연료의 힘으로 최대의 노동량을 산출하도록 만들어지지 않았다. 오직 이 기관의 고유 연료인 '애정'이 기관에 공급되어 폭발할 때, 그 동력인 의지와 정신을 최고의 상태로 고취시켜 최대의 노동량을 산출하도록 만들어졌다.

만약 집주인이 머리 회전이 빠르고 혈기마저 왕성한 사람이라면, 하인에게 채찍과 당근을 적절히 번갈아 주면서 많은 일을 시키는 것이 가능할 것이고, 또 실제로 그런 사례들을 심심치 않게 보아왔다. 반면 집주인이 심성은 착한데 우유부단하고 유약한 사람이라면, 하인이 오만방자해져서 소량의 일마저 제멋대로 형편없게 마칠 가능성이 높고, 또 실제로 그런 사례들을 심심치 않게 보아왔다. 하지만 주인과 하인 모두에게 기본적인 분별력과 의욕이 있다고 전제했을 때, 서로 반목하여 적대시 하는 관계보다 서로를 위하고 아껴주는 관계를 통해 최고의 결과를 얻을 가능성이 높은 것이 자연스런 세상 이치이다. 또한 주인이 어떻게든 하인을 많이 부려먹으려 하는 경우보다는 사전에 약속해서 꼭 하기로 한 일도 하인의 편의를 봐서 시키고 순리적인 방법을 통해 하인의 이익도 함께 챙겨줄 경우에, 주인의 애정을 받은 하인이 실제 감당해야할 일을 훌륭하게, 혹은 덕스럽게 마칠 가능성이 매우 높기 마련이다.

그렇다. '덕스럽게'라고 말했는데, 이 말에는 하인이 언제 어디서나 주인이 원해서 시키는 일만 하지는 않는다는 속뜻이 담겨있다. 주인에게 마음으로 헌신하는 하인은 물질적인 봉사나, 주인의 이익과 신용을 지키기 위해 기울이는 세심한 주의나, 또는 어떤 상황에서 주인이 뭔가를 필요로 하는데 그것이 무엇인지 알아챘을 때, 입가에 번지는 미소 같은 그런, 주인이 시키지 않았지만 주인에게 덕이 되는 것들을 위해 자기 재량껏 일하기 마련이다.

하인이 주인의 관대함을 악용하고 호의를 무례함으로 돌려줄지라도 그 하인을 향해 베푸는 주인의 애정이 가져다주는 긍정적인 경제적 효과는 결코 반감되지 않는다. 왜냐하면, 친절한 주인을 무례히 대하는 하인은 난폭한 주인에게 앙심을 품을 것이고, 믿고 맡기는 주인에게 거짓말을 하는 하인은 야박한 주인에게 해를 입힐 것이기 때문이다.[1]

어떤 경우에든 가장 실제적인 경제적 혜택은 이해관계를 떠나 상대를 사심 없이 처우한 사람 누구에게나 돌아오기 마련이다. 그렇다. 나는 인간의 애정을 전적으로 동력의 한 종류로서 소개하고 있지, 결코 그 자체로 바람직하거나 고상하거나, 아니면 추상적으로 좋은 것으로 생각하지 않는다. 나

---

1 앙심을 품은 하인보다는 차라리 무례한 하인이 낫고, 해가 될 하인보다는 차라리 거짓말 하는 하인이 낫다는 뜻이다. _역자주

는 애정을 통속적인 경제학자들의 계산을 모조리 무효화시키는 통제 밖의 힘으로 해석한다. 혹, 어느 학자가 이 낯선 변수를 자신의 방정식 계산에 대입하고 싶어 한들, 이 변수는 그의 통제력을 벗어나고 말 것이다. 왜냐하면, 인간의 애정이라는 변수는 경제학의 다른 동기와 조건을 모두 제거하고 홀로 남을 때 비로소 진정한 동력으로서 힘을 발휘하기 때문이다. 하인이 감사하게 생각하기를 바라는 마음으로 하인에게 호의를 베풀어보라. 그 싸구려 호의에 합당한 대가로 어떤 감사는커녕 호의에 상응하는 아무 보상도 받지 못할 것이다. 모든 이해관계를 떠나 순수한 동기로 호의를 베풀어보라. 경제적으로 의도한 바들을 모두 성취하리라. 경제 분야뿐 아니라 인생만사가 다 그렇듯, 누구든지 자신의 목숨을 구하고자 하는 자는 잃을 것이요, 누구든지 잃고자 하는 자는 찾으리라.[2]

　고용주와 고용인의 상호관계를 가장 적절하게 보여주는

---

2 타인을 대하는 두 상반되는 태도의 차이와 그 태도의 차이가 낳는 물질적 결과의 차이는, 찰스 디킨스의 소설 《황폐한 집》에 나오는 에스더와 찰리의 관계를, 그의 또 다른 소설 《골동품 상점》에 나오는 브래스 양과 후작 부인의 관계와 비교해 살펴보면 그 상관성이 뚜렷하게 보인다.

또 다른 간단한 예는 바로 연대장과 그의 부대원들 사이의
관계이다.

자신의 부대를 최정예 부대로 훈련시키기 위해 부대원들
을 엄격한 규율로 다스리면서, 정작 본인은 온갖 편의를 다
누리려는 연대장이 있다고 하자. 그 연대장이 어떤 규율을
정해 세우고, 그 규율로 어떻게 부대원들을 다스리든 상관
없이, 자신의 편의를 포기하지 않는 한 부대원들의 전투력
을 최대로 끌어올릴 수 없을 것이다. 만약 그 연대장이 지략

디킨스가 자신의 신념 위에 덧칠한 지나치게 원색적인 색채에 대한 거부감
으로 인해 소위 사회의식이 있다는 사람들조차 그의 작품들에 담긴 본질적
가치와 진정성마저 보지 못하는 것은 애석한 일이다. 가끔 너무 유치찬란하
다는 인상을 주긴 해도 그것이 디킨스가 새빨간 거짓말을 하고 있다는 뜻은
아니기에, 그의 작품들이 지닌 가치와 진정성이 외면 받는 현실에 애석함을
느낄 수밖에 없는 것이다. [찰스 디킨스(1812~1870)는 존 러스킨(1819~1900)
과 동시대 인물이다. _역자주] 디킨스의 작품을 감상할 때 그가 노골적으로
사용한 원색적 색채에 대해 조금 더 후한 인내심과 관용을 베푼다면, 그가 역
설力說하는 바의 진위성을 깨닫게 될 것이다. 다만 디킨스에게 사적인 바람
이 있다면, 금 덩어리처럼 번쩍번쩍 거리는 표현은 대중의 흥미를 위한 오
락 매체에 제한하여 사용하고,《고단한 시절》에서 다루고 있는 소재처럼 국
가적 차원의 중대한 사안을 다룰 때는 보다 진중하고 정밀한 논법을 사용하
는 게 낫지 싶다. 이 작품,《고단한 시절》이 주는 시대적 교훈을 제대로 인식
하지 못하고 폄하하는 사람들이 많다.(그들과 반대로, 나는 이 작품이 여러
측면에서 디킨스의 작품 중 최고의 걸작이라 생각한다) 이 작품이 폄하 받는

이 뛰어난 데다 위엄도 갖추고 있는 사람이라면 심성이 나약하여 부대원들의 눈치나 살피는 장교가 이루어낼 수 있는 것보다 더 높은 훈련성과를 이루어낼지 모르겠다. 하지만 만약 어떤 두 장교가 지략과 위엄에 있어서 동등한 자질을 갖추고 있다면, 부대원들과 동고동락하며 그들의 복지를 위해 아낌없는 노력을 기울이며, 부하들의 목숨을 자신의 목숨처럼 귀하게 여기는 장교가 부하들의 가슴에서 우러나오는 뜨거운 충성심과 신의를 이끌어내어 다른 어떤 방법으로는 도저히 도달할 수 없는 수준의 최정에 부대를 조련해 낼 것이 분명

주된 이유를 살펴보면, 등장인물인 바운더비 씨는 공장 지대에서 볼 수 있는 공장주의 전형이라기보다는 연극 무대에 등장하는 사악한 용에 가깝고, 스티븐 블랙풀은 평범하고 성실한 노동자의 전형이라기보다는 연극 무대에 등장하는 영웅적인 기사에 가깝다는 것이다. 하지만 무대 조명이 비치는 연극 무대 위에 서서 외치고 있다 해서 디킨스가 발휘하고 있는 지혜와 혜안에 담긴 교훈까지 비웃지는 말자. 지금까지 집필한 모든 작품을 통해 드러난 디킨스의 취지와 의도는 전적으로 옳았다. 그렇기에 그의 모든 작품, 특히 《고단한 시절》은 사회 문제에 관심이 있는 사람이라면 누구나 가까이 두고 치열하게 연구해야 할 작품이다. 물론 그 과정에서 디킨스의 편중된 사고로 그의 사상이 지닌 명백한 오류를 발견하게 될 것이다. 그래서 디킨스의 사고가 닿지 않고 내버려 둔 반대쪽 사상의 이면들을 갖가지 사회현상들을 통해 깊이 고찰하다 보면, 결국 돌아서 디킨스의 사상과, 지나치게 유치찬란한 색채로 칠해진 그의 사상과 다시 조우하게 될 것이다.

하다. 이 원리는 부대의 규모가 커질수록 기하급수적으로 그 효과가 커진다. 소대원들이 소대장을 존경하지 않아도 한 번의 돌격작전 정도는 성공할지 모르지만 부대원들이 장군을 사랑하지 않는 한, 전투에서의 승리는 요원하다.

집주인과 하인 사이의 관계 또는 연대장과 부대원 사이의 관계 같은, 고용주와 고용인 사이의 관계의 원리를 보여주는 단순한 사례에서 이제 한결 더 복잡한 관계로 눈을 돌려보자. 알아볼 다음 사례는 공장주와 노동자 사이의 관계로, 고찰하는 과정에서 이전 사례들에서 고민하지 않았던 문제들에 부딪칠 것이 불 보듯 뻔하게 예상된다. 그 이유는 이 관계를 주장하는 도덕적 요소들이 다른 관계들을 주장하는 그것들에 비해, 보다 딱딱하고 차갑기 때문이다. 연대장을 향한 부대원들의 열렬한 충정을 상상하기는 쉬워도, 공장주를 향한 방직공들의 열렬한 헌신을 상상하기는 쉽지 않은 이유와 같은 맥락이다. 고대 북부 스코틀랜드의 한 부족같이 약탈과 노략을 목적으로 결성된 조직은 단원들 간의 끈끈한 유대감으로 뭉쳐있기에, 두목의 목숨을 구하기 위해서라면 누구나 자신의 목을 즉시 내어놓을 준비가 되어있을 것이다. 하지만 국가의 법적 효력 아래 물품의 생산과 부의 축적을 목적으로 결성된 조직은 감정적인 요소에 의해 운영되지 않기에, 공장주의 생명을 구하기 위해 기꺼이 자신의 목숨을 대신 바치는 노동자는 눈을 씻고도 찾아보기가 어렵다.

경제적 이해관계로 얽혀있는 조직에서 나타나는 이런 특이한 현상은 도덕적 차원만이 아닌 제도적 차원에서도 그 원인을 찾아볼 수 있다. 집안의 하인이나 군인은 계약에 따른 일정 기간 동안 정해진 급여를 받는 반면, 노동자는 시장 수요에 따라 그 급여가 달라질 뿐더러 사업장의 상황에 따라 언제든 일자리를 잃을 위험에 노출되어 있다. 이렇게 칼날 위를 걷고 있는 듯한 아슬아슬한 상황에서 노동자에게 기대할 것은 일터에 대한 애착에서 우러나오는 긍정적 행동이 아닌 적개심이 폭발하여 쏟아내는 부정적 행동들이 아니겠는가. 이 사안과 관련해 질문 두 개를 화두로 던져보려 한다.

첫째, 노동 수요에 상관없이 어느 적정 수준까지 노동 임금을 규제하는 것이 좋을까.

둘째, 보장된 고정 임금에 따라 어느 적정 규모까지 노동자를 시장 현황에 상관없이 고용하고, 증감 없이 일정하게 유지하는 게 좋을까. 그리하여 노동자들이 명문가의 하인들처럼 자신이 몸담고 있는 사업장에 늘 애착을 느끼고, 또 정예부대의 병사들처럼 단결심을 지닐 수 있을까.

첫 번째 질문을 달리 표현하자면, 노동 수요에 상관없이 어느 적정 수준까지 노동 임금을 고정하는 것이 좋을까.

인간이 저지른 오류의 역사를 통틀어 아마 가장 이해하기 어려운 오류 중의 하나는, 중요한 직무를 수행하는 모든 노동 분야와 그렇지 않은 대부분의 노동 분야에서 이미 임금이 고정되어 지급되고 있는 사실에도 불구하고 임금이 규제될 가능성에 대해 부인해온 이른바 경제학자란 사람들이 범하는 오류일 것이다.

영국사람 중 영국의 총리직을 네덜란드식 경매[3]에 부쳐 가장 낮은 마지막 가격에 팔아넘길 사람은 없다. 아무리 성직매매를 통해 얻는 이득이 쏠쏠하다고 해도, 주교가 선종先終하

---

3 네덜란드식 경매(Dutch Auction)는 대륙식 경매(Continental Auction)와 달리 최고 가격에 경매물이 팔리지 않고, 경매자들이 써낸 가격을 높은데서 낮은 순서로 물량과 함께 죽 늘어놓은 다음, 판매자가 내놓은 물량이 다 차면 그때 가장 낮은 가격이 경매 물건의 낙찰 가격이 되어, 그 가격 이상을 제시한 모든 경매자들은 동일한 낙찰 가격에 각자 제시한 물량을 받아간다. _역자주

였을 때 가장 적은 화폐를 들고 온 교구 목사와 계약을 맺고 그에게 주교의 교구권을 넘기는 일은 아직까지는 벌어지지 않았다. 돈 냄새에 밝은 경제적 동물답게 장교 임관권을 팔지언정, 장군의 직위를 공공연히 팔지는 않는다. 아플 때 1기니[4] 이하의 진료비를 받는 의사는 찾지도 않고, 소송을 위해 변호사를 선임할 때 6실링 8페니를 4실링 6페니로 깎는 일은 상상조차 하지 않으며, 때 아닌 소나기를 만났을 때조차 1마일 당 6페니보다 싼값에 마차를 태워줄 마부를 찾기 위해 동분서주 뛰어다니지 않는다. 위에 그려본 모든 상황에서, 그리고 일어날 가능성이 있는 모든 상황에서 임금은 직업의 난이도와 그 직위를 원하는 경쟁자들의 수에 따라 결정된다. 진찰료를 반 기니 밖에 받을 수 없음에도 여전히 수많은 학생들이 의사가 되기 위한 수련의 길에 들어선다면, 머지않아 현재 의사의 진찰료인 1기니에서 반 기니의 거품을 빼자는 사회적 합의가 이루어질 것이다. 탁상에서 연구한 경제 원리를 참고하자면 노동의 시장 가치는 그 노동에 대한 시장의 수요에 의해 결정되는 것이 맞다. 하지만 시장에 나가보면

---

4 1파운드 = 20실링 = 240페니; 1기니 = 1파운드 1실링 _역자주

자신의 분야에서 내로라하는 사람들은 예나 지금이나 수요에 상관없이 일정해진 기준에 따라 일정한 보수를 받았기에, 이 원리가 모든 노동자들에게도 적용되어야 한다.

어떤 독자들은 화들짝 놀라 이렇게 반문할지 모르겠다. "뭐라고요? 그러면 숙련된 노동자나 미숙한 노동자나 동일한 보수를 받아야 한다는 뜻인가요?"

분명 그렇다. 목회 경험이 풍부한 주교의 설교와 신학교를 갓 졸업한 젊은 후임자의 설교가 갖는 차이, 혹은 산전수전 다 겪은 의사와 의대를 갓 졸업한 의사가 내리는 진단의 차이는 직분을 수행하는 과정에서 기울인 전문적인 능력이나, 이후 사람들의 삶에 미치는 영향력 면에 있어서 숙련된 벽돌공과 미숙한 벽돌공이 갖는 차이에 비해 훨씬 크고 중요하다.(사실 벽돌공의 중요성도 사람들이 보통 생각하는 것 이상으로 크다) 성직자나 의사같이 중요한 사람들에게 우리는 실력에 상관없이 동일한 사례를 지불하고 있다. 그렇다면 그들에 비해 하찮은 집을 짓는 벽돌공에게는 더욱 실력에 상관없이 기꺼이 동일한 사례를 지급하는 것이 이치에 맞지 않겠는가.

"아니 그렇지 않습니다. 저는 의사도 성직자도 제가 직접 선택해서 제가 원하는 수준의 혜택을 누립니다." 그렇다면 벽돌공도 직접 고르시게나. '선택'받는 것이야말로 유능한 노동자를 위한 합당한 보수가 아닌가. 모든 노동 분야에 마땅하고 바람직한 제도를 적용해서 각 노동 분야마다 고정된 임금을 규정하되, 유능한 노동자는 계속 고용되고 무능한 노동자는 고용되지 않도록 운영해야 한다. 반면 이치에 어긋나 거스른 파괴적인 노동 제도는 무능한 노동자가 반값에 일자리를 잡아 유능한 노동자의 일자리를 빼앗거나, 혹은 가격에 대해 출혈경쟁을 펼쳐 유능한 노동자로 하여금 부당한 임금을 받고 일하도록 조장한다.

동일한 노동 분야별 임금의 평등화야말로 최단 시간에 최단 거리로 이르는 길을 개척해서 도달해야할 우리의 첫 목적지다. 두 번째 목적지는 앞에서 언급했듯이, 생산품의 수요에 대한 시장의 불규칙한 변동에 상관없이 일정 규모의 노동자를 유지하는 것이다.

경제 활동이 활발히 이루어지면 예상 밖으로 광범위한 수요의 불안정이 일어나기 마련인데, 이야말로 바람직한 노동

제도를 정착시키기 위해 반드시 극복해야 할 최후의 장애물임에 틀림없다. 그러나 이 문제는 너무나 다양한 갈래로 가지를 뻗고 있어서, 대신 이 문제를 둘러싸고 있는 몇몇 일반적인 사실들을 언급하겠다.

임시직 노동자가 생계를 유지하기 위해서는 정규직 노동자보다 더 높은 임금을 받아야 한다. 그리고 일자리를 얻으려는 경쟁이 치열해지더라도 지켜져야 할 것은, 주당 사흘 일하는 노동자의 평균 일당이 엿새 일하는 노동자의 일당보다 높아야 한다는 것이다. 어떤 사람이 하루 생계를 위해 적어도 1실링이 필요하다면, 7실링을 벌기 위해 그는 사흘 동안 뼈가 빠지도록 일하거나, 아니면 엿새 동안 꾸준히 일해야 한다. 현대의 모든 노동 시장에서 노동 거래와 임금 지급이 마치, 복권을 사고팔듯이 이루어지는 행태가 만연하다. 그렇기에 노동자는 언제 다시 잡을지 모르는 일자리를 위해 중노동을 해야 하고, 고용주는 이를 교묘하게 이용해 한 몫 잡으려는 병폐가 발생한다.

다시 말하지만, 현재의 노동 제도가 낳은 병폐적인 결과를 바탕으로 어느 규모로 노동자가 일정하게 고용되어 유지되어야 하는지는 여기서 논외로 삼겠다. 다만 그 결과가 더 나빠질 수 없는 상태까지 치달았을 때는 논의할 필요조차 없다는 사실과, 그러한 현실은 다름 아닌 도박의 늪에 빠진 고용주와 무지와 방탕의 늪에 빠진 노동자가 허우적거리며 만든 합작품이라는 사실을 지적하는 것으로 만족하겠다. 돈을 벌수 있는 작은 기회 하나조차 놓칠까 하여 안달이 난 고용주는, 부자가 되려는 욕심에 눈이 먼 나머지 파산의 위험도 보지 못한 채 '일확천금'이라는 이름의 성벽에 생긴 모든 틈 사이로 맹렬히 파고들어 돌진한다. 노동자는 엿새 동안을 꾸준하게 일하고, 나머지 하루 종일 적절한 휴식을 취하기보다는, 사흘 동안 죽도록 일하고 나머지 사흘 동안은 죽으라고 술을 퍼마신다. 고용주가 진정으로 자신의 노동자들을 돕기 원한다면 자기 자신과 노동자의 삶에 박혀있는 이런 무절제한 습관을 뿌리 뽑는 것보다, 더 현실적으로 도움을 주는 방법은 없다. 고용주 자신을 위해서는 사업 경영을 규모 있게 유지하면서 일확천금에 대한 유혹을 떨치고 수익의 안정성을 추구해야 한다. 그러는 동시에 노동자들에게 임시직에 고임금을 받는 조건보다는 정규직에 고정된 저임금을 받는 조건을 선택하도록 설득하거나, 만약 이를 관철시키기 어렵다면 명목상 많은 일당의 대가로 노동자의 몸을 혹사시키는 현재의 노동제도의 행태를 근절해가면서 노동자들로 하여금 비록 임금은 더 적게 받더라도, 보다 더 규칙적으로 일할 수 있는 자리를 알아보도록 유도해야 한다.

이런 급진적인 개혁을 추진하는 과정에서 이 대열에 동참하는 사람들에게 틀림없이 많은 불편과 손실이 따를 것이 분명하다. 그렇지만 기억해야 할 것은, 아무런 대가를 치루지 않고 이룰 수 있는 것들 치고는 반드시 이루어질 필요가 있거나, 아니면 어떻게든 반드시 이루어야 할 당의적인 것들은 없다는 사실이다.

지금까지 전투를 목적으로 구성된 군대와 제조를 목적으로 구성된 회사의 차이점에 대해 다루었다. 군대에는 있고 회사에는 없는 것이 하나 있다면 바로 '자기희생'으로, 이 차이를 만드는 단 하나의 근본적인 원인은 군인에 비해 상인에 대한 직업 평판도가 일반적으로 낮기 때문이다. 철학적인 차원에서 언뜻 판단했을 때 이런 사회현상은 부조리해 보인다. 어찌 평화적인 계약과 합리적인 방법으로 물건을 사고파는 사람이 폭력과 야성으로 적을 쓰러뜨리는 사람에 비해 낮은 사회적 존경을 받을 수 있단 말인가. 그런데도 대중들은 철학자들의 목소리에 아랑곳하지 않고 군인들을 더 높여 칭송해 왔다.

대중의 평가는 옳았다.

군인이 실제 거래하는 것은 엄밀히 따지면 적군의 목숨이 아니라 자신의 목숨이기에 그렇다. 다만, 이 본질적 의미를 간과한 채 대중은 군인을 칭송해 온 것이다. 자객 역시 누군가를 쓰러뜨리지만, 그렇다고 상인보다 자객을 더 높여 칭송한 역사는 없었다. 사람들이 군인을 칭송하는 이유는 그가 국가의 안보를 위해 자신의 목숨을 담보로 내어놓기 때문이다. 어떤 젊은이는 모험과 부귀영화에 대한 무모한 동경 같은, 어떤 세속적이고 순간적인 충동에 의해 군인이 되기로 결심하였는지도 모른다. 그리고 이런 동기와 충동들이 그의 군복무에서 눈에 보일 정도로 확연하게 드러날지도 모른다. 그러나 우리 마음속에 자리 잡고 있는 이 군인의 모습은 '군인은 이러한 사람'이라고 굳게 믿는 다음과 같은 우리의 신념에 의해 그려진다.

"그는 세상의 모든 안락을 뒤로 한 채, 요새 한 켠의 파괴된 곳을 지키고 서서 오직 자신의 죽음과 의무만을 응시하고 있다. 그는 매순간 자신이 선택의 기로에 서 있다는 사실을 인식하고 있다. 그때마다 어느 길을 선택해야 하는지도 이미 마음에 굳게 정해 두었으며, 앞으로도 계속 같은 길을 선택할 것이다. 그는 실로 자신을 날마다 죽음을 향해 내몬다."

우리가 법관과 의사를 존경하는 이유도 다름 아닌 '자기희생'의 직업 정신에 그 궁극적인 바탕을 두고 있다. 한 법관이 갖추고 있는 학식과 혜안慧眼이 아니라, 재판석에 앉은 이상 어떤 대가가 따라오더라도 공정한 판결을 내릴 것이라는 흔들림 없는 신념이 우리로 하여금 그를 존경하게 만든다. 뇌물 받은 대가로 불공정한 판결을 내린 뒤, 그에 대한 그럴듯한 변론으로 구색을 맞추기 위해 그의 명석한 두뇌와 해박한 지식을 사용하는 게 아니냐는 의심의 여지가 조금이라도 생기는 이상, 그의 값비싼 지성으로도 우리의 존경을 살수 없게 될 것이다. 그의 일생에서 굵직한 판결 사례마다 자신의 사리사욕이 아닌 정의의 손을 들어주었다는 대중의 암묵적인 확신 외에는 어떤 방법으로도 대중의 존경을 얻을 수 없을 것이다.

의사에게 표하는 우리의 존경은 그 근거가 더욱 분명하다. 그가 아무리 명의라고 해도 환자를 단순히 실험 대상으로 취급한다는 소문이 돌면, 그 앞에 섰을 때의 오싹함에 우리는 손을 감추고 말 것이다. 하물며 그가 어떤 환자의 죽음에 이해관계를 가진 사람으로부터 뇌물을 받아 귀신같은 의술로 치료약을 가장한 독극물을 투여한다는 소문이 돈다면….

마지막으로, '자기희생'과 '존경'의 상관관계는 성직자의 직분에서 가장 분명하게 드러난다. 의사의 경우 인격이 부족한 것은 용납되어도 의술이 부족한 것은 용납되지 않고, 법관의 경우 인격이 부족한 것은 용납되어도 법률적 명석함이 떨어지는 것은 용납되지 않는다. 하지만 성직자의 경우, 지적 능력은 좀 떨어지더라도 자기를 부인하고 타인을 섬기는 데 철저하다면 그로 인해 존경을 받는다.

무역 상단商團을 성공적으로 경영하기 위해 상인에게 필요한 전략, 선견지명, 결단력 같은 자질이 비록 대법관이나 대장군, 또는 대주교의 그것에 비견될 정도는 아니라 해도, 적어도 군함이나 연대의 부관급 장교 아니면 시골 교구의 부목사에게 요구되는 수준에는 미칠 것이다. 그렇다면, 전문 직종에서 나름대로 이름 석 자를 알린 사람들이 무역 상단의 수장보다 높은 대중의 평판을 얻고 있는 사회 현상에는 개인적인 자질의 수준보다 더 깊은 심층에 그 근원이 자리 잡고 있음이 분명하다.

상인에 대해 상대적으로 낮은 평판을 갖는 사회 현상의 근원이 뿌리박고 있는 심층은 바로 이것으로, '상인은 어느 경우에나 자신의 이익을 위해 움직인다'는 사회적 인식이다. 비록 상거래가 사회에 반드시 필요한 활동이긴 하지만, 그 동기는 전적으로 상인의 사적인 이윤 추구에서 비롯된다는 인식이 깔려있다. 즉, 상인은 모든 활동에서 자신에게 돌아오는 '최대 이윤'을 사회에, 혹은 소비자에 '최소 분배'를 지상 최대 과제로 한다는 것이다. 국가는 법문 조항으로 제정하여 이러한 사회와 상인 사이의 이해관계를 공식적으로 공포함으로써, 상인이 개인의 최대이윤을 추구할 권리를 보장하는 동시에 똑같은 권리를 사회와 소비자에게도 부여한다. 즉, 구매자의 의무는 물건 값을 깎는 것이고 판매자의 의무는 그 값을 속여 파는 것이 세상 돌아가는 보편적 이치라고 국가가 목소리 높여 선언하고 있는 것이다. 그럼에도 대중은 상인이 자신의 의무와 권리에 따라 장사하는 것에 대해 무의식적으로 비난하며 그들의 인식 속에 상인은 하층 계급에 속한 속물들이라는 영원한 낙인을 찍고 있는 것이다.

결국에는 대중들도 상인에 대한 자신들의 이중 잣대를 거둬들여야 한다는 사실을 깨닫게 될 것이다. 인간의 이기심에 대해서는 경계를 하더라도, 이기심을 그 근본 동기로 삼지 않는 새로운 형태의 상업에 눈을 떠야할 것이다. 아니, 한 발짝 더 나아가, 이기심에 바탕을 둔 상업은 애초부터 없었고 존재할 수도 없다는 것이다. 따라서 현대 경제학에서 규정하고 있는 소위 '상업'은 상업이 아닌 그저 '기만행위'임을 깨달아야 할 것이다. 진정한 상인과 경제학에서 정의하는 상인 사이에 가로놓인 차이는 윌리엄 워즈워스William Wordsworth의 장편시《소요》에서 대화 속에 등장하는 한 마을의 상인과 그리스 신화의 대표적인 사기꾼 아우톨리코스 사이에 가로놓인 차이만큼 크다는 사실을 인지해야 할 것이다. 그렇게 될 때에 신사들이 사회의 필요를 위해서, 보다 절실한 직업 소명을 발견하는 분야가 설교하는 성직이나 적을 쓰러뜨리는 무관직보다는 상업직이어야 한다는 것, 하나님의 말씀 그대로 전하는 설교나 명분 있는 전투처럼 진정한 상거래를 위해서라면 때로는 금전적 손해도 기꺼이 감수하겠다는 직업 의식이 필요함과 의무를 다하기 위해 목숨을 버리듯 6펜스를 잃을 수 있다는 것, 강단에서 순교자가 나오듯 시장 거리에서도 순교자가 나오리라는 것, 전쟁에서 뿐만 아니라 장사에서도 영웅을 위한 서사시가 쓰이리라는 것을 대중들은 깨닫고 믿게 될 것이다.

상인에 대한 이러한 고귀한 사회적 인식이 생기는 것이 가능하고 결국엔 반드시 그래야하지만 아직까지 생기지 않았을 뿐이다. 왜냐하면 야망을 가진 사람들은 그들의 젊은 시절에 이 시대가 진정으로 영웅을 필요로 하는 분야가 어디인지 알지 못한 채 다른 분야로 뛰어들었기 때문이다. 그 결과로, 복음의 교리를 가르치기 위해 자신의 목숨을 바쳐 헌신하는 사람들은 많았지만 복음의 실천을 위해 100 파운드를 손해 보는 사람은 거의 없었던 것이다.

부정할 수 없는 것이 한 가지 있다면, 국가와 사회를 위한 상인의 참된 직업 소명이 무엇인지에 대해 누구도 명확하게 선을 그어 가르쳐주지 않았다는 것이다. 그렇기에 독자들과 함께 이에 대해 명확한 선을 긋고자 한다.

국민이 일상생활을 영위하는데 있어 근간이 되는 5대 전문 직종이 있는데, 그 중 셋은 인류 역사에 등장한 모든 문명 국가들에서 공통적으로 발견되고 있다.

군인의 직분은 국가를 방위하는 것이고,

목회자의 직분은 국민을 교화하는 것이며,

의사의 직분은 국민의 건강을 돌보는 것이고,

법관의 직분은 국가의 정의를 구현하는 것이며,

상인의 직분은 국민에게 필요한 물품을 공급하는 것이다.

그리고 이들 직분을 맡은 사람들의 공통된 본분은 유사시에 국가와 국민을 위해 자신의 목숨을 버리는 것이다.

'유사시'란 다음과 같은 상황인데,

군인은 전투 시에 자신의 위치를 이탈하지 않아야 하고,

의사는 전염병이 유행할 때에 자신의 진료소를 지키고 있어야 하며,

목회자는 설교에서 거짓을 증거 하지 말아야 하고,

법관은 판결에 불의를 좌시하지 말아야 하며,

상인은… 상인이 죽어야 할 시기는 도대체 언제일까?

이에 답하는 것은 상인 당사자들과 대중들 모두에게도 중요한 사안이다. 자신이 죽어야 할 때를 모르는 사람은 진실로 어떻게 살아야 하는지도 모르기 때문이다.

그렇다. 상인의 직분은 국민에게 필요한 물품을 공급하는 것이다.(여기서 쓰인 '상인'을 포괄적인 의미에서 '제조업자'라 읽어도 무방하다) 사례비를 받는 것이 성직자의 직분이 아니듯, 물품의 공급을 통해 개인의 이윤을 취하는 것 또한 상인의 직분이 아니다. 비록 성직자에게 기본적인 생활을 위한 사례비가 반드시 필요하다 하나, 진정한 의사가 진료비를 인생의 목적으로 삼지 않듯이 진정한 성직자라면 그 자체를 인생의 목적으로 삼지는 않는 법이다. 그렇다면 마찬가지로 진정한 상인 역시 금전적 이익을 인생의 목적으로 삼지 않는 법이다. 직업 소명에 충실한 참된 인간이라면, 성직자든 법관이든 아니면 상인이든 금전적 이득에 상관없이, 아니 오히려 손해를 보는 한이 있더라도 반드시 완수해야 할 사명이 있다. 목회자에게는 국민을 교화할 사명, 의사에게는 국민을 치료할 사명, 상인에게는 앞에서도 밝혔듯이 국민에게 필요한 물품을 공급해야 할 사명이 있다. 좀 더 구체적으로 말하자면, 상인은 그가 판매하는 물품의 품질 기준과 그것을 제조하거나 확보하는 경로에 대한 철저한 이해를 바탕으로 표준 정품을 생산하거나 확보하여 수요가 가장 큰 곳에 가장 저렴한 가격으로 공급하기 위해 모든 심혈을 쏟아야 한다.

제품의 생산이나 확보는 필히 여러 사람의 손을 거쳐 이루어지기 마련이므로, 군 장교나 목회자에 비해 그에게 주어진 권위는 덜할지 모르지만 상인은 사업을 경영하는 과정에서 노동자들의 작업에, 보다 직접적인 영향력을 발휘한다는 점에서 여러 사람들을 책임지는 주인이자 지도자의 위치에 있다. 그렇기 때문에 소속 노동자들의 생활 조건과 환경은 상당 부분 상인의 책임이고, 따라서 판매 대상 물품을 어떻게 저가에 정품으로 생산할 수 있는가 하는 문제뿐 아니라, 생산과 운송에 관련된 다양한 업무에서 어떻게 하면 노동자들의 편의와 복지를 배려해 줄 것인가 하는 부분 역시 상인이 고려할 의무이다.

이 두 가지 직분, 즉 상품의 생산, 공급과 소속 노동자에 대한 의무를 올바로 수행하기 위해서 필요한 인내와 배려,

그리고 재치와 기지 외에도 최고수준의 여러 지적 자질을 갖추기 위해 모든 노력을 기울여야겠지만, 무엇보다도 군인이나 의사와 마찬가지로 목숨을 포기해야 할 경우에 요구되는 절차와 방법에 따라 목숨도 내놓을 수 있어야 한다.

상인이 물품을 공급하는 과정에서 반드시 지켜야 할 두 가지가 있다. 첫째는 계약을 충실히 이행하는 것이고(계약에 대한 충실한 이행이야말로 모든 상거래를 가능케 하는 기초다.), 둘째는 순정품을 공급하는 것이다. 상인은 계약 내용을 어기거나, 품질을 타협하거나, 불순물을 섞거나, 아니면 부당하고 터무니없는 가격을 매기도록 승인하기보다는 계약에 명시된 대로 순정품을 공급하기 위해 치러야 할 어려움과 자금난과 수고 앞에서 두려움 없이 의연히 맞설 수 있어야 한다.

다시 강조하지만, 소속 노동자들을 이끄는 지도자로서 고용주는 특별히 아버지의 권위와 책임을 지녀야 한다. 한 젊은이가 공장이나 무역 상단에 들어온 이후로 가정의 영향에서 완전히 벗어나게 되는 경우가 빈번하다. 따라서 고용주가 젊은 노동자들의 아버지 역할을 감당하지 않으면 그들은 가까이에서 지속적으로 자신을 지켜줄 아버지가 없는 고아 같은 처지가 되는 셈이다.

모든 경우에 고용주의 권위는 일터의 분위기나 동료 노동자들이 노는 물과 함께, 노동자가 자라온 가정이 노동자에게 미치는 것보다 더 강한 영향력을 미치기 마련이고, 그러다가 긍정적이든 부정적이든 노동자에게 미치는 가정의 영향력을 완전히 차단하기에 이른다. 따라서 고용주가 자신의 노동자들을 정당하게 대우하고 있는지를 가늠해 볼 수 있는 유일한 지표는 자신의 친아들이 피치 못할 사정으로 고용 노동자가 되었을 경우 그 아들을 어떻게 대우할 것인지 생각해 보고, 자신의 고용 노동자들을 현재 그렇게 대우하고 있는지 엄숙하게 자문해 보는 것이다.

어떤 군함의 함장이 자신의 소견을 따라서든 아니면 어떤 부득이한 사정에 의해서든 자신의 친아들을 군함의 일반 수병으로 배치했다고 가정해보자. 함장은 자신의 친아들을 다루는 동일한 방식으로 다른 부하 수병들을 다루어야 할 것이다. 마찬가지로 어떤 공장주가 자신의 소견에 따라서든 아니면, 어떤 부득이한 사정에 의해서든 자신의 친아들을 일반

직공으로 고용하게 되었다고 가정해보자. 공장주는 자신의 친아들을 대하는 방식으로 모든 노동자들을 동일하게 대해야 할 것이다. 아버지와 아들의 관계야말로 고용주와 고용인의 관계에 대해 경제학이 안고 있는 숙제를 해결해 줄 진정하고 실제적인 효력이 있는 단 하나의 해답인 것이다.

함장이란 자고로 난파된 군함을 마지막으로 떠나는 사람이어야 하고, 군함에 식량이 바닥났을 경우 자신에게 주어진 마지막 빵 한 조각마저 부하들과 나눠먹어야 할 사람이다. 마찬가지로 고용인은 모든 경제 위기와 곤경에 처했을 때 노동자들과 고통을 함께 나누어야 하고, 아니 노동자들이 피부로 느끼는 것보다 더한 고통을 짊어져야 할 사람이다. 기근이나, 난파나, 전투가 발생했을 때 누군가를 위해 자기를 희생할 사람이 그 아들의 아버지가 아니면 그 누구이겠는가.

지금까지 내가 피력해온 논점들을 이해하기 어려웠다면 진실로 이해하기 어려운 것은 이런 견해들이 이해받기 어려운 현실 그 자체뿐이다. 이 논점들은 전문적이고 이론적인 측면에서의 사실이 아니라, 보편적이고 실제적인 차원에서의 사실들이기 때문이다. 현대 경제학의 신념들은 모두 그릇된 전제로부터 출발하고 있기에, 그 연역적 추론은 불합리할 수밖에 없고, 따라서 매일 진일보하고 있는 국민의 생활에 접목시킬 수 없는 것들뿐이다.

이 국가에서 영위하고 있는 우리의 삶 자체가 몇몇 양심에 투철한 소수의 목소리를 빌어 지금까지 대중들을 미혹해온 경제학의 원리들, 국가를 파멸의 길로 이끄는 이론들을 단호히 거부하고 경멸하고 있다. 그렇다면 다음 논문에서는 현대 경제학이 국가와 국민을 파멸로 이끄는 방식과 형태에 대해, 그리고 대안으로서 진정한 경제학이 국가에 미치는 영향과 작용에 대해 좀 더 깊이 논하고자 한다.

제 2 편

부의 광맥
the veins of wealth

Unto This Last

아주 작은 일이라도 그것이 큰 일과 이어진다.
작은 벽돌을 한 장 한 장 쌓아서 거대한 건물을 짓는다.
벽돌을 쌓는 일을 하찮게 여겨 소홀히 한다면
결국 큰 일을 그르치게 된다. 따라서 작은 일을
하지 못하면 큰 일도 할 수 없다.
– 존 러스킨

        전편에서 역설한 논점들에 대해 통속적인 경제학자들이 제기할 수 있는 반박을 몇 마디로 요약해 보면 이러할 것이다. "사회 구성원 간의 애정 지수가 증가함에 따라 사회 전반에 걸쳐서 얼마간의 보편적 이익이 발생하는 것은 분명한 사실이다. 하지만 경제학자들은 과거부터 지금까지 결코 '보편적 이익'에 대해 연구한다고 공언한 적이 없다. 경제학을 간략히 정의하면 '부자가 되는 법을 연구하는 학문'이라 하겠다. 그렇기에 경제학은 결코 허상적이거나 몽상적인 것들을 다루는 학문이 아니라 생활에 도움을 주는 실제적인 것들을 다루는 학문이라는 것을 우리의 경험이 증명해 주고 있다.

따라서 그 가르침에 따르는 자는 실제로 부유해지고, 그렇지 않은 자는 가난해지게 되어 있다. 그 예로, 유럽의 모든 재력가들은 경제학의 연구 결과로 밝혀진 법칙들을 따라 재산을 얻었고, 여전히 그 법칙들을 고수함으로써 나날이 재력을 쌓아가고 있다. 어른 같은 엄연한 기정사실에 맞서 어린아이 같은 궤변으로 맞서는 것은 무모한 짓이다. 기업가라면 누구나 돈이 어떻게 모이고 흩어지는지 '경험'을 통해 알고 있을 것이다."[1]

그렇다면 먼저 용서를 구한다. 기업가들은 자신이 어떻게 해서 돈을 벌었고 또 때로는 어떻게 잃었는지, 스스로의 경험을 통해 알고 있는 것이 분명하다. '서당 개 삼 년이면 풍월을 읊는다'는 속담처럼, 그들은 오랫동안 도박판에 몸담아 온 그 경험으로 자신이 쥐고 있는 카드의 패로 승산을 가늠

---

1 '계몽주의'라는 태양의 빛 아래 '합리적 연역법'이 꽃을 피웠던 대륙국가 프랑스와 달리, '귀납적 경험주의'가 꽃을 피웠던 섬나라 영국의 철학적 인식론의 전통을 엿볼 수 있는 대목이다. _역자주

해 보는데 능수능란하고, 그렇기에 또한 판돈의 득실에 대해 나름대로의 정확한 원인 분석도 내릴 경지에 이르렀기 때문이다. 그러나 도박장을 소유하고 움직이는 큰손이 누구인지, 같은 카드를 가지고 도박 외에 즐길 수 있는 어떤 다른 놀이들이 있는지, 그리고 도박장의 환한 불빛 아래서 이루어지는 자신들의 판돈 거래가 저 바깥 어느 거리의 어둠 속에서 보이지 않게 이루어지는 다른 이들의 생계를 어떻게 좌지우지하는지에 대해서는 전혀 알지 못한다.

그들은 경제학이라는 거대한 빙산에 대해 수면 위로 떠오른 상거래와 관련된 빙산의 일각만을 이해하고 있을 뿐이지, 수면 아래 감추어진 거대한 본체에 대해서는 무지하다.

이는 기업가들이 정작 '부富'의 참뜻을 모른 채 부를 추구하고 있다는 뜻이기에 나로서는 그저 놀랍고 의아스럽지 않을 수 없다. 설사 알고 있다 하더라도, '북쪽'이라는 단어가 자연스럽게 '남쪽'이라는 반의어를 연상시키는 것처럼 '부'라는 단어가 '가난'이라는 반의어와의 상관관계 속에서 그 의미를 형성하고 있다는 사실을 간과하고 있는 듯하다. 경제학의 가르침을 따르기만 하면 어느 누구나 절대적으로 부유해질 수 있다고 주장하는 강의와 저서가 봇물처럼 쏟아져 나오는 현상은 부의 의미를 절대적인 개념으로 이해한 결과이다. '부'라는 것은 마치 전기와 그 성질이 유사해서 오직 불평등과 격차에 의해서만 발생하는 법이다. 내 주머니 속에 들어있는 1기니의 가치는 옆 사람의 주머니가 비어있을 때 비로소 그 위력을 발휘한다. 만약 옆 사람이 그 화폐를 필요로 하지 않는다면, 1기니는 그에 대해 아무런 위력을 행사하지 못한다. 따라서 내 소유의 1기니가 행사하는 위력은 그것에 대한 타인의 절박한 필요성에 정확히 비례하여 결정된다. 그러므로 통속적인 상업경제학자의 주장대로라면, 내가 부자가 되는 기술은 필연적으로 이웃을 가난에 묶어 두는 기술과 함께 동전의 양면을 이루는 셈이다.

'부'라는 용어를 포함해서, 다른 경제용어들을 어떻게 이해하고 사용해야 하는지에 대해서는 여기서 언급하지 않겠다. 다만 '정치'와 '상업'이라는 수식어가 '경제학' 앞에 단지 장식용으로 붙어있는 것이 아니라면, '정치경제학'과 '상업경제학' 사이에 존재하는 엄연한 차이에 대한 독자들의 깊은 이해는 필요하다.

정치경제학은 한 국가의 국민이 인간다운 생활을 영위하는데 필요한 물품을 시의 적절하게 생산, 보존 그리고 분배하는 전반을 다루는 경제학을 의미한다.(그렇기에 '국가경제학', 또는 '국민경제학'이라고도 칭한다) 시기를 따라서 건초를 베어 들이는 농부, 참한 목재에 대못을 단단히 박는 조선업자, 잘 이긴 회반죽을 발라가며 단단한 벽돌을 차곡차곡 쌓아 올리는 건축가, 알뜰하게 부엌살림을 꾸리고 살뜰하게 거실 가구를 손질하는 주부, 성대에 무리를 주지 않으면서 목소리를 가다듬어 완성시켜가는 성악가, 이들이야말로 조국의 부와 안녕에 기여하는 궁극적인 의미에서 진정한 국민경제의 역군들이다.

　　반면에 상업경제학은 개인의 수중에 소유하는 타인의 노동력에 대한 법적 혹은 도덕적 청구권, 즉 개인이 소유하는 타인에 대한 노동 지배권 전반을 다루는 경제학을 뜻한다. 그렇기에 '보수merces, 報酬경제학'이라고도 한다. 상업경제학에서 노동 청구권은 그 소유자에겐 부와 채권을 의미하는 동시에, 피소유자에겐 그만큼의 가난과 채무를 의미한다.

　　따라서 개인 소유의 노동 청구권이 증가한다고 해서 반드시 국가의 실물 재산과 안녕의 증진으로 이어지는 것은 아니다. 그런데 상업 경제적 부, 즉 노동에 대한 지배력은 필요할 때면 대개 물적 재산으로 치환될 수 있는 반면에, 물적 재산은 원할 때마다 노동에 대한 지배력으로 치환되는 것은 아니기에, 유럽 국가들에서 활동하는 기업가들 사이에 소위 '부'란 결국 상업 경제적인 부, 즉 노동에 대한 지배력을 뜻하는 화폐라는 사고방식이 상식으로 자리 잡기에 이르렀다.(다시 말하면, 보통 돈으로 필요한 물건을 원할 때 살 수 있는 반면, 원하는 때마다 물건을 팔아 돈을 벌 수 있는 것은 아니기에, 부를 평가하는 기준은 결국 돈이라는 사고방식이 자리 잡게 되었다.) 한 예로, 소유한 재산에 대한 견적을 낼 때 화폐로 사들일 수 있는 가축의 수량과 전답의 면적을 기준으로 소유한 화폐의 가치를 계산하지 않고, 반대로 가축과 전답을 팔아 받을 수 있는 화폐의 수량을 기준으로 소유한 가축과 전답의 가치를 계산한다.

화폐를 부의 기준으로 삼는 사고방식이 경제 상식으로 자리 잡게 된 또 다른 원인이 있다면, 타인의 노동에 대한 상업적 지배력이 근본 바탕이 되지 않는 한, 실물 재산의 축적은 그 소유주에게 무용지물이나 마찬가지이기 때문이다. 그 예로, 광활하고 비옥한 토지를 소유한 어떤 지주를 그려보자. 소유지의 자갈밭 표층 아래로는 마르지 않는 금맥이 흐르고 있고, 초지에는 셀 수 없을 만큼 많은 가축들이 노닐며, 여러 채의 건물에 딸린 정원들과, 창고마다 곡식이 섬[2]으로 가득가득 쌓여있다. 그런데 정작 이 모든 것들을 관리해 줄 하인을 구할 수 없다면 어떤 일이 벌어질까? 이 지주가 하인으로 삼을 수 있는 사람은 분명히 그 동네에서 지주가 소유한 황금이나 곡식을 필요로 하는 가난한 사람들 중에 있을 것이다. 그런데 그 누구도 황금이나 곡식을 필요로 하지 않을 만큼 자급자족하고 있고, 따라서 하인으로 쓸 사람이 아무도 없는 상황이다. 그렇다면 이 지주는 선택의 여지가 없이 직접 빵을 굽고, 손수 의복을 지으며, 스스로의 힘으로 밭을 갈고, 직접 가축에게 여물을 먹여야한다. 황금은 걷다가 발에 채이는 누런색의 돌멩이와 그 가치면에서 다를 것이 전혀 없다. 또, 혼자 다 먹지 못한 곡식들은 창고에서 마냥 썩어갈

---

2 섬 : 부피의 단위. 곡식, 가루, 액체 따위의 부피를 잴 때 쓴다. 한 섬은 한 말의 열 배로 약 180리터에 해당한다. _역자주

것이다. 이런 상황이라면 그의 생활수준이 다른 평민들과 별반 다를 것도 없을 것이다. 오히려 그들이 누리는 평범한 안락이라도 비슷하게 누리려면 고단한 노동을 감내해야 할 것이다. 그러다가 결국엔 집수리와 밭 경작도 모두 두 손 놓기에 이르고, 야생 동물들이 으르렁거리며 활보하고 폐허가 된 대저택만이 스산하게 서있는 황무지 한가운데에 촌부에게 어울릴 법한 오두막집 한 채와 딸린 텃밭에 만족하여 어느 날 이 모든 광경을 바라보며 "그래도 내 소유…"라고 읊조리며 자조의 쓴웃음을 짓게 될 것이다.

아무리 탐욕스러운 인간이라도 이런 조건과 상태의 실물재산을 받는 것은 썩 달가워하지 않을 것 같다. '부'의 이름 뒤에 감추어진 인간의 근본적인 욕망은 다름 아닌 '타인에 대한 지배력'이다. 좁은 의미에서 부는 하인이나 상인, 그리고 예술가의 노동력을 자신의 유익을 위해 이용하는 힘을 뜻하고, 보다 넓은 의미에서는 국민들의 노동력을 국가의 다양한 목적을 위해(유익하든, 별로 관계가 없든, 아니면 유해하든지 부유층 기득권의 의도에 따라) 이용하는 힘을 뜻한다.

부의 힘은 그것의 지배력 아래 놓인 사람들의 가난에 대개

정비례하고, 반면 공급이 제한된 물품에 매겨진 판매가를 지불할 수 있는 구매 경쟁자들, 즉 유사한 수준의 부를 소유한 사람들의 숫자에 반비례한다. 어떤 가난한 음악가에게 비록 그 액수가 적더라도 자신을 후원해주는 사람이 단 한 명이라도 있다면, 그 음악가는 적은 후원비라도 받기 위해 노래할 것이다. 하지만 그의 후견인이 서너 명 된다면, 음악가는 가장 많은 후원비를 주는 한 사람을 위해 노래할 것이다. 즉, 음악가에게 행사되는 후견인의 지배력은 첫째는 음악가의 가난한 정도에 따라 결정되고, 그 다음으로는 공연장에서 같은 가격의 좌석 티켓을 구입할 수 있는 경쟁 후원자들의 숫자에 의해 결정되는 셈이다.

앞에서 언급한 바와 같이, 그렇기에 경제학에서는 부자가 되기 위해 각 개인이 '절대적으로' 돈을 최대한 많이 버는 기술도 필요할 뿐 아니라, 동시에 다른 사람들이 '상대적으로' 자신보다 돈을 적게 벌도록 조장하는 기술도 필요하다고 가르치는 것이다. 즉, 부자가 되는 기술을 집약하면 이렇다.

"다른 사람들을 지배하는 위치에 서서 불평등의 간격을 최대한 벌려라."

지금 단계에서는 사회 구성원 간의 부의 불평등이 국민들에게 유익할지 유해할지는 논리적으로 판단하기 어렵다. 부의 불평등이 국민들에게 절대적으로 유익하다고 주장하는 경제학의 섣부른 억측은 다른 논제들에 대해 경제학이 범하고 있는 오류들과 동일한 바탕에 뿌리를 두고 있다. 판단하기 어려운 근본적인 이유는, 부의 불평등이 국민에게 미치는 영향이 무엇보다도 불평등이 발생하는 '방법'에 따라, 그 다음으로는 불평등을 계속 유지시키는 '목적'에 따라 유익한지 유해한지 결정되기 때문이다.

　부당한 방법으로 발생한 부의 불평등은 그것이 사회에 들어와 자리 잡는 과정 중에 국민에게 해를 끼치고, 그것이 부당한 목적을 위해 유지되는 한, 그 존재 자체로 계속해서 해를 끼친다. 반대로, 정당한 방법으로 발생한 불평등은 그것이 사회에 들어와 자리 잡는 과정 중에 국민에게 유익을 주고, 고귀한 목적을 위해 쓰일 때에는 그 존재 자체로 계속해서 더 많은 유익을 준다. 달리 말하면, 국가의 공정한 법치法治 아래 마음껏 경제활동을 펼치는 국민들은 사회로부터 검증받은 개개인의 다양한 역량을 그 필요가 있는 곳에 맘껏 발휘하여 그 계급과 업적에 따라 금전적 보상이나 사회적 지위를 받기에, 결과적으로 불평등 속에 조화롭게 합력하여 선을 이룬다.[3] 반대로, 무법이 횡행하는 국가에서는 서서히 가세가 기울어가는 자와 배반으로 가세를 일으켜 세우는 자가 합작하여 예속의 씨줄과 성공의 날줄로 짜인 시스템을 만든

---

3 전편 논문에서 "무능한 노동자는 고용되지 말아야 한다"는 주장과 관련하여, "그렇다면 고용되지 못한 자들의 처지는 어쩐란 말입니까?"하는 식의 질문을 수차례 받았다. 글쎄, 내게 묻기 이전에 미리 스스로에게 물어볼 만한 질문이 아닐까 싶다. 집에 하녀 한 명이 필요하다는 가정을 해보자. 연급年給 20파운드를 받는 조건에 두 젊은 여자가 지원한다. '갑'은 말쑥한 차림에 유력한 인사의 추천서를 가지고 온 반면에, '을'은 너저분한 차림에 추천서조차 가져오지 않았다. 이 상황에서 그 누구도 12~15파운드를 '을'에게 제시한 뒤 수락하면 '갑'을 집에 돌려보내고 '을'과 계약하지 않을 것이다. 더욱이 '갑'과 '을'로 하여금 가격출혈 경쟁을 펼치게 해서 각각 연급 12파운드와 8파운드에 두 여자 모두를 고용하지도 않을 것이다. 그저 '갑'을 연급 20파운드에 고용하고, '을'은 집으로 돌려보낼 것이다. 이때에도 "그럼 여자 '을'의 처지는 어쩌고?"하며, 나에게 따지듯 물었던 것과 비슷한 질문을 스스로에게도 하겠는가. 내 말은, 노동자들을 하인과 동등하게 대하자는 것뿐이다. 한편 솔직히 고백하건데, 건달이나 실업자 같은 사회 부적응 자들에 대한 처사 문제는 시원하게 해결되기 어려운 부분들이 있기에, 그런 부류의 사람들이 생겨나지 않도록 미연에 방지하는 것이 최선이 아닐까 하는 내 제안에 대해서도 숙고해보기 바란다. 그럼에도 불구하고 "무능한 노동자, 실업자, 건달들을 어떻게 처리해야 하는가?"는 매우 중대한 사회적 현안임에 틀림없다.

다. 이 시스템을 통해서는 사회 구성원 간의 협력을 통한 조화로운 불공평 대신, 죄악과 불행이 사람들을 폭압하는 악독한 불공평이 발생한다.

한 국가에서 이루어지는 부의 유통은 인간의 신체에서 이루어지는 혈액 순환과 유사하다. 들뜬 감정이나 격렬한 운동으로 인해 혈액 순환이 빨라지기도 하지만, 수치심과 발열로 인해 빨라지기도 한다. 또, 혈액순환이 원활해서 온몸이 불그스레 홍조를 띠기도 하지만, 병원체에 감염된 부위가 벌겋게 부어올라 홍조를 띠기도 한다.

부의 유통과 혈액 순환 사이의 유사성에는 그 증거가 더 있다. 병든 신체 부위에 피가 고여 썩으면 몸 전체에 이상이 생기듯이, 부가 특정 소수에게 편중되면 궁극적으로 국가 경쟁력이 약화된다.

부의 유통이 국부國富에 영향을 미치는 양상에 대해 부가

건달의 역사를 조사해 본 사람은 그들이 공장에서 출고된 제조품들과 다를 바가 없다는 사실을 발견하게 되는데, 이는 역으로 그런 계층의 생산을 부추기는 경제학의 시스템이 갖는 오류를 고발하는 증거자료가 된다. 그러므로 사회 부적응자들을 쉬쉬하며 억제하는 시스템을 개발하기보다는, 정직하고 성실한 시민을 양산하는 시스템을 개발하는 편이 훨씬 낫다고 하겠다. 무엇보다 학교를 개혁하자, 그러면 감옥을 개혁할 필요는 자연히 사라질 것이다.

발생하는 몇가지 가장 간단한 상황을 가정하여 알아보고자 한다.

첫째 상황 : '갑'과 '을'이라는 두 선원이 무인도에 표류하여 모든 생계 기반을 두 사람의 노동으로 일으켜 세워야 할 상황이다.

두 사람 모두 건강하고 우애가 돈독하여 함께 열심히 일한 결과, 거주할 아늑한 집도 짓고, 얼마 후에는 경작할 일정 면적의 전답도 개간하여, 거기에서 나온 소출로 미래를 대비한 양식도 어느 정도 비축해 둔다. 이 모든 것들은 두 사람에게 실질적 부, 즉 물적 재산이 되는 셈이다. 두 사람이 똑같이 열심히 일했다면 물적 재산에 대해 두 사람은 동등한 소유권과 사용권을 주장할 수 있다. 지금까지 이 두 사람에게 있어 경제 활동이란 그저 지금까지 이루어 온 것들을 잘 보존하고 공평하게 분배하여 누리는 것이다. 그러던 어느 시점부터 '갑'은 공동 경작의 소출에 대해서 불만족을 품기 시작하고 '을'과 상의한 끝에 전답을 정확히 이등분하기로 합의하여 그 이후로 각자 소유한 땅에서 일하며 독립적으로 생활하게 된다.

서로가 독립한 이후로 어느덧 몇 년이 흐르고, '갑'은 그만 병에 걸려 한 해 농사에서 가장 중요한 시기에 일을 못할 처지에 이른다.(파종기나 수확기라고 하자)

　다른 선택의 여지가 없이 '갑'은 '을'에게 자신을 대신해 전답에 파종(또는 수확)해 줄 것을 부탁한다. 부탁을 들은 '을'은 더하지도 빼하지도 않고 이렇게 말한다.

　"내 자네를 위해 여분의 일을 하겠지만, 내가 자네를 위해 일한 시간만큼 자네도 언젠가 나를 위해 일해 주겠다고 약속하게. 내가 자네 전답에서 일할 때마다 일한 시간을 기록해서 알려줄 테니, 그때마다 각서를 써서 내 요청이 있을 때와, 또 자네가 일할 수 있는 상황이 되면 내 전답에 와서 그 시간만큼 일을 해주겠다는 약속을 하게."

　이후에 몇 년이 지나도 '갑'의 병은 좀처럼 낫지 않고, 게다가 이런저런 사정마저 겹쳐서 '을'에게 여러 차례 도움을 요청하고, '갑'은 그때마다 자신이 다시 일할 수 있게 되면 '을'의 요구가 있을 때마다 그가 자신을 위해 희생한 시간만큼 그를 위해 일해 주겠다는 각서를 쓴다. '갑'이 건강을 회복하여 다시 일을 할 수 있게 되었을 때, 이 두 사람의 경제 관계는 어떻게 변해 있을까?

이 섬을 두 사람으로 이루어진 하나의 '폴리스polis', 즉 국가라고 간주하였을 때, 이 국가는 '갑'이 병에 걸리지 않고 계속 일하였을 경우보다 더 가난해졌다. '갑'이 병상에 누워있는 대신 일해서 생산할 수 있는 소출량만큼 더 가난해진 것이다. 더 늘어난 노동량을 감당하기 위해 '을'이 평소보다 더 부지런히 일했을 수도 있지만, 결국 그의 제한된 시간과 관심을 '갑'의 재산 관리에도 쏟아야 했기에 자신의 재산에 있어 손해를 보았을 것이 분명하다. 가장 간단한 방법으로, 두 사람의 전답에서 나온 소출을 합쳐보면 두 사람 모두 건강하게 일했을 때보다 그 생산량이 적을 것이므로 이 국가가 더 가난해진 것을 알 수 있을 것이다.

두 사람 사이의 관계 역학에도 변화가 있을 것이다. '갑'이 '을'에게 빚지고 있는 것은 앞으로 몇 년 동안 갚아나가야 할 노동의 의무만이 아닐 것이다. '갑'은 병상에 누워있는 동안 자신의 창고에 쌓아둔 식량을 소비했을 것이므로 장차 '을'

에게 식량 원조 또한 부탁할 처지가 될 것이다. 그렇기에 '갑'
은 원조 식량에 대한 대가, 즉 '보수'로서 '을'에게 더 많은 노
동력을 제공하겠다는 각서를 추가로 쓸 수밖에 없는 상황을
맞게 되는 것이다.

각서가 전적으로 그 효력을 발휘한다는 전제 하에(문명
화된 국가들의 경우 그 효력을 법률로 보장하고 있다),[4] 지
금까지 두 사람 몫의 일을 해온 '을'은 그동안 '갑'과 맺은 노
동 채무조약에 대한 자신의 권리를 행사하고, 또 그에게 원
조해준 식량에 대해 마음에 내키는 대로 노동시간을 추가해

---

4 화폐의 본질에 대한 논쟁은 논자들의 의견이 저마다 다르기 때문에 생겨
난다기보다는, 오히려 화폐의 기능에 대해 저마다 다른 관점에서 관찰하기
때문에 생겨난다고 봐야 옳다. 이른바 '화폐'라는 것은 결국 채무에 대한 승
인서로, 채권자의 관점에서는 노동과 재산으로, 채무자의 관점에서는 게으
름과 빈곤으로 해석될 수 있다. 화폐의 본질에 대한 논쟁은 통화에 부여된
고유 가치를 보존하기 위해 돈이 사용되기 전에 필요했던 금, 은, 소금, 그리
고 조개껍질 같은, 다른 물품의 시장가치를 결정하는데 기준이 되는 물품의
사용으로 인해 더욱 복잡해졌다. 그럼에도 '국가의 인준과 보증 하에 청구하
는 만큼의 노동량을 주기로 또는 알선하기로 약속한 문서'야말로 돈에 대한
이론의 여지가 없는 합당한 정의가 아닐까 싶다. 이 정의에 따르면, 금이나
은, 그리고 소금 같은 물품보다는 사람의 하루치 노동량에 의해 화폐 가치가
결정되는 것이 옳다. 어떤 물품도 사람의 노동만큼 안정되고 일정하게 공급
되는 것이 아니기 때문이다.

채무조약을 계속해서 맺음으로써, 마음만 먹으면 당장이라도 일에서 은퇴하고 남은 여생을 유유자적하며 보낼 수 있게 된다.

무인도에 도착하여 이룬 최초의 합의부터 마지막 합의에 이르기까지, 두 사람 사이에 맺어진 합의들에는 상식적인 의미에서 불법적인 요소들은 찾아볼 수 없는 듯하다. 하지만 두 사람 사이의 경제적 관계가 현 단계까지 진행된 시점에 어떤 낯선 사람이 이 섬에 도착하였다면, 그 사람의 눈에 '갑'은 경제적으로 가난하고 '을'은 부유한 사람으로 비춰질 것이다. 그리고 하루종일 유유자적하는 '을'의 모습과 언젠가 경제적으로 자립하는 날에 대한 요원한 꿈속에서 두 사람 몫의 고된 일을 하면서 근근이 연명하며 살아가는 '갑'의 모습을 번갈아 보며 놀라움을 감추지 못할 것이다.

이 이야기는 두 사람 사이에 생긴 소유의 불균형이 어떻게 노동채무 형태의 빈부 격차를 발생시켰는지를 보여주는 수많은 사례 중의 하나일 뿐이다. 다른 측면에서 이 이야기를 읽었을 때, 혹시라도 '갑'이 꾀를 부려 처음부터 일부러 게으름을 피우다가 결국 지금 잠깐의 안락함을 위해 남은 평생을 저당 잡혔는지도 모르겠다. 아니면 농사일이 뜻대로 잘 풀리지 않아 친구 '을'에게 장래의 노동을 담보로 식량과 노동원조를 받아야 했을지도 모른다.

진실이 무엇이든지 간에 독자들이 놓치지 말고 유념해야 할 것은, 노동에 대한 청구권 형태를 띠는 개인의 상업적 부가 증가할 때, 물적 재산 형태를 띠는 실제적인 국가의 부는 오히려 감소하는 현상이 이 이야기와 비슷한 사례들 가운데 십중팔구 발견된다는 사실이다.

시장 거리에서 들을 만한, 보다 실제적인 예를 하나 더 들어보자.

둘째 상황 : 이번에는 두 사람이 아니고 세 사람의 이야기로, '갑', '을', '병'은 작은 독립 공화국을 함께 건국한 뒤, 해안을 따라 드문드문 떨어진 땅을 개간하기로 상호조약을 맺고 헤어진다. 각 개간한 농지마다 특산물을 생산하는데, 세 사람 모두가 나머지 두 사람이 생산한 작물에 대한 필요도와 의존도가 비슷한 상황이다. 그러던 어느 날 좀 더 효율적인 거래를 위해 '병'은 농사일을 그만 두고 '갑'과 '을'의 농장을 오가며 생산물의 운송을 전담하는 중개업을 시작하기로 결

정한다. 그 조건으로 '병'은 한쪽 농장에서 받아 운송하는 산물 가운데 충분한 수량을 보상으로 받거나, 아니면 물물교환 뒤에 재운송할 산물 가운데 충분한 수량을 보상으로 받기로 합의한다.

이 운송업자, 즉 중개상인 '병'이 양쪽 농장을 오가며 각 농장에서 필요로 하는 물품을 시기적절하게 운송, 공급해 줄 경우 '갑'과 '을'의 사업은 번창할 것이고, 이 작은 공화국은 최대 산물, 즉 최대의 부를 창출하게 될 것이다. 그러다가 두 농장 지주들은 중개상인을 통해서만 서로와 거래할 수 있다는 합의가 세 사람 사이에 이루어진다.

점차 사업이 번창하면서 중개상인 '병'은 양쪽 농장 사이에 이루어지는 거래 행태를 면밀하게 파악하게 되고, 이를 바탕으로 운송위탁 받은 산물을 자신의 창고에 보관해두었다가 양도 받기로 한 농장주가 더는 버틸 수 없어 발을 동동 구를 때가 되어서야 비로소 그 산물을 넘겨주기 시작한다. 그리고 곤경에 빠진 농장주를 구해준 대가로 계약 조건 외에도 잉여 품목의 최대량을 추가로 요구해 받아낸다. '병'은 기회를 잘 엿보면서 정기적으로 양쪽 농장의 잉여 산물을 수중에 넣어 한몫 챙길 수 있고, 그러다가 뜻밖의 심각한 자연재해나 기근이라도 닥치면 그 해에 두 농장을 모두 매입하여 현재의 지주들을 앞으로는 노동자 또는 하인으로 부려먹을 수 있을 것이다.

이 시나리오는 첫 번째 것과 마찬가지로 경제학의 원칙에 철저히 근거하여 상업적 부가 발생하는 과정을 묘사하고 있다. 다만 첫 번째 시나리오에 비해 보다 뚜렷하게 부각된 것이 있다면, 중개상인 '병'이 합의에서 얻을 수 있는 보수 가운데 도덕적 양심에 따라 합당한 보수에 만족했을 경우보다 국가의 부, 즉 세 사람으로 이루어진 공동체의 집합적 부가 감소했다는 점이다. 그때그때 필요한 물자의 공급이 원활히 이루어지지 않으면서 양쪽 농장의 운영은 극도로 마비되기에 이르렀다.

노동자들의 기억에는 성취감에 쾌재를 불렀던 적은 언제인지 아득하기만 하고 지루한 생존투쟁에 지칠 대로 지쳐 농기구를 든 두 손에는 아무런 힘이 실리지 않는다. 게다가 중개상인 한 사람의 수중으로 모두 들어간 농산물은 정상적인 거래가 이루어졌을 때, 세 사람의 창고를 균일하게 채웠던 같은 총수량의 농산물과 비교해 더 이상 동등한 가치를 지니지도 않는다.

이 사례에서 핵심은, 국민의 행복 같은 국부가 지닌 질적 속성뿐 아니라 돈의 액수 같은 수량적 속성 또한 그 물리성에도 불구하고 결국은 '정의'의 잣대로 판단해야할 질적 차원의 문제라는 점이다. 축적된 국부의 물리적 수량 자체만을 가지고 국가에 질적 유익이 되는지 유해가 되는지는 판단할 수 없다. 마치 수학 공식에서 숫자를 둘러싸고 있는 수학 기호記號에 따라 그 계산값이 결정되듯이, 국부의 참된 가치는 물리적 수량을 둘러싸고 있는 도덕적 기호에 따라 결정된다.

축적된 부의 물리적 수량 주변으로 꾸준한 노력, 능동적인 마음가짐, 그리고 생산적인 창의력 같은 도덕적 기호들이 둘러싸고 있을 수도 있으며, 이와 반대로 극도의 사치나, 무자비한 횡포, 혹은 타인을 파멸로 몰아넣는 사기 같은 도덕적 기호들이 둘러싸고 있을 수도 있다.

제때 거둬들이지 않은 볏단이 때 아닌 비에 젖듯이 어떤 보물은 인간의 눈물로 젖어 무겁고, 어떤 황금은 햇살을 받아 실제보다 더 눈부시게 빛나는 법이다.

그렇다. 부의 가치를 결정짓는 도덕적 기호들은 부를 뒤쫓는 사람들이 무시하고 싶을 때, 무시해도 좋을 추상적이고 감정적인 속성의 것이 아니라, 통화의 총 가치를 묻는 등식의 답을 한 없이 떨어뜨리기도 하고 올리기도 하는, 말 그대로 물질적 속성에 속한 것이다. 한 다발의 돈뭉치는 그 자본을 모으는 과정에서 최초의 자본보다 열 배 이상의 이익을 본 결과일 수도 있고, 혹은 열 배 이상의 손해를 본 결과일 수도 있다. 이 노동자의 손도 저 노동자의 손도 마치 풀독이 오른 것처럼 고된 노동에 무감각해져 간다.

미래에 대한 부푼 희망은 산산조각이 나고, 생산 활동은 진척이 더디다. 두라 평원에 금을 입힌 거짓 번영의 신상神像을 세우고 불가마를 평소보다 일곱 배 뜨겁게 달구는 일에 노동이 착취되고 있다.[5]

부로 보이는 것들이 실제로는 전방위적인 파멸의 징조를

---

5 구약 〈다니엘서〉 제3장 참조: 고대 바빌론의 왕 느부갓네살 2세(BC 634~562)는 두라 평지에 높이 약 30미터 폭 약 2.7미터의 금으로 만든 신상을 세우고 바빌론 백성과 각 나라에서 끌고 온 포로들을 음악에 맞춰 일제히 그 신상 앞에 엎드려 절할 것을 명령한다.(4~5절) '느부갓네살'이라는 이름이 "느부 신이여, 영토를 보호하소서!"인 것에 근거하여 어떤 학자들은 이 신상이 바빌론을 보호하는 주요 신이었던 '느부'의 형상으로 지어졌을 것이라고

가리기 위해 덧입힌 금박일지도 모른다. 해적이 상선을 해안의 암초로 몰아넣고 노획한 한 움큼의 금화인지도 모른다. 종군상인이 장렬히 전사한 병사의 가슴 주머니 부위에서 찢어낸 한 뭉치의 헝겊 조각인지도 모른다. 예루살렘 시민과 나그네를 매장하기 위해 토기장이들의 토석장을 사들인 은 30량일지도 모른다.[6]

감언이설로 인간을 속여 온 모든 사상들 가운데 부를 획

추정한다. 왕은 금 신상 앞에 절하지 않는 자들은 요새, 즉 '두라'를 짓는데 필요한 벽돌을 굽는 화로에 던져 넣도록 엄포한다.(5절) 유대인이었던 다니엘의 세 친구는 느부가 아닌 자신들의 신인 '야훼'가 그들을 화염으로부터 능히 보호할 것이고, 그렇지 않더라도 느부의 신상 앞에는 절대 절하지 않겠다는 신앙고백으로 왕의 맹렬한 진노를 산다.(16~18절) 그리하여 왕은 화로를 평소보다 일곱 배 더 뜨겁게 달굴 것을 명하는데, 그 화염이 어찌나 맹렬하였던지 이 유대인들을 던져 넣으려고 곁에 섰던 바빌론 병사들을 태워 죽일 정도였다.(22절) 러스킨은 느부갓네살 왕의 금 신상을 경제학에서 정의하는 그릇된 부의 허상으로, 화로에서 나오는 맹렬한 화염으로 죽은 바빌론 병사들을 그 허상 아래 신음하며 쓰러져가는 노동자로 비유하고 있다._역자주
6 신약 〈마태복음〉 제27장 참조: 예수의 열 두 제자 중 한 사람이었던 가룟 유다는 스승을 유대교 대제사장과 장로들에게 당시 건장한 남자 노예의 거래 값이었던 은 30량에 팔아넘긴다.(제26장 14~16절) 예수가 십자가에서 흘린 무고한 피에 대한 죄책감을 떨치고자 유다는 대제사장과 장로들을 다시 찾아가 은 30량을 돌려주려 하였지만, 그들 역시 예수의 피 값에 대한 책임을 회피하려 받기를 거부한다.(4절) 유다는 그 은화를 성전의 지성소 입구에 던져 넣고 스스로 목매달아 자살한다.(5절) 제사장이 아니었던 유다가 어떻게

득하기 위해서는 도덕적 양심에 상관없이 수단과 방법을 가리지 말아야 한다고 가르치거나, 혹은 구매와 판매에 관련된 모든 일반 법규와 전문 법규는 사회적 관습에 따라 결정된다고 가르치는 경제학만큼 오만과 허영으로 가득한 사상은 없을 것이다.

예루살렘 성전 가장 안쪽에 위치한 지성소 입구까지 출입할 수 있었는지는 알 수 없으나, '토라 (구약의 첫 5권의 책)'에 기록된 율법에 근거하여 성전의 심판석에 앉은 이스라엘 신에게 무고한 피를 흘리게 한 살인자들을 고발하는 저자 마태의 의도는 분명하다. 역설적이게도 대제사장은 토라의 마지막 책인 〈신명기〉 제23장 18절을 근거로 부정한 돈은 거룩한 성전의 운영을 위해 쓰일 수 없다하여, 대신 예루살렘 성벽의 남쪽에 위치한 힌놈 협곡에 과거 토기장이들이 작업에 필요한 토석을 채취하던 부지를 사들여 외국인들을 위한 공동묘지를 짓는다.(7절) 과거 유다왕국 시절에 이 계곡에서는 주변 이방인들의 종교적 풍습을 받아들여 자녀들을 제물로 바쳐 불사르는 제사가 자행되었다.(〈역대기하〉 28:3, 33:6 참조) 당시 선지자 중 한 사람이었던 예레미야는 무고한 자녀들의 죽음에 대해 분노한 이스라엘의 신의 심판으로 언젠가 이 골짜기가 적군의 손에 죽은 이스라엘인들의 시체로 가득 채워져 '죽음의 골짜기'라고 부를 날이 오리라고 심판의 목소리를 높인다.(〈예레미야서〉 7:31~32 참조) 이 묘지의 부지는 '피밭'이라 불렸는데(8절), 유다의 죽음 이전부터 붙여진 이름인지, 그 이후에 붙여진 이름인지는 알 수 없으나 마태가 이 '피밭'을 예레미야가 예언한 '죽음의 골짜기'와 연결시키고 있음은 분명하다.(9~10절) 과거 무고한 자녀들을 살육한 피가 흐르는 이 땅을 결국 예수의 피 값인 은 30냥으로 산 것이기에, 거듭해서 예수의 죄 없음을 강조하는 동시에 살인자들의 죄를 고발하는 마태의 의도를 읽을 수 있다. 러스킨 역시 인간의 존엄성을 죽이는 경제학을 고발하고 있다. _역자주

"가장 싼 가격에 사고, 가장 비싼 가격에 팔아라"라는 문구에 국민경제의 기본 원리가 요약되어 있고, 또 어느 시대와 나라를 막론하고 기본 원리가 될 수 있다고 주장하는 경제학만큼 인간의 존엄을 훼손하는 사상을 인류 역사를 통틀어 본 적이 없다. 원하는 물건을 소비자가 가장 싼 가격에 샀다고 하자. 그런데 무엇으로 숯과 벽돌을 싸게 만드는지 정녕 당신은 알고 있는가? 그것은 당신의 목조집을 순식간에 숯덩이로 만든 화마일 수도 있고, 당신의 벽돌집을 순식간에 주저앉힌 지진일 수도 있다. 그렇다고 해서 화마와 지진이 국민경제에 결코 유익이 되는 것은 아니지 않은가. 생산자가 생산품을 가장 비싼 가격에 팔았다고 하자. 무엇으로 빵의 가격을 비싸게 만드는지 정녕 당신은 아는가? 당신이 오늘 판매한 빵은 누군가가 마지막 남은 동전들을 모두 긁어모아서 산 것일 수 있으니, 그렇기에 그의 생명이 빵을 값비싸게 만들었을 것이다.

내일 당신의 밀밭을 매수할 부자에게 오늘 빵을 팔았다면 당신의 자유는 어떻게 될 것인가. 당신의 재산을 예탁해 둔 은행을 약탈하러 가는 병사에게 팔았다면 그대의 노후가 어떻게 될 것인가.

어찌하여 부와 관련된 이런 도덕적인 기호들은 보지 못하고, 모든 신경을 경제학이 세운 원리를 따라 합법적인 상거래를 했는지 여부에만 쏟는 것인가. 그렇게 해야만 약탈과 죽음이 사라진 태평성대를 궁극적으로 이루기 위해 자신의 본분을 다했다고 자부할 수 있는 것인가.

부와 관련된 이 모든 지엽枝葉적인 문제들은 결국 '정의'라고 하는 하나의 대양으로 흘러들어가게 되어 있다. 이제 비로소 부와 관련한 정의의 문제를 논할 충분한 토대가 마련되었으므로 다음 논문을 제시할 때가 되었다. 그 전에 독자들과 함께 이 논문의 요점을 세 가지로 정리하고자 한다.

첫째로, 지금까지 역설해 왔듯이 돈의 주된 가치와 효력은 타인에 대한 지배력에 근본 바탕을 두고 있다. 이 지배력을 행사할 수 없다면 막대한 물적 자산도 소용이 없고, 이미 이 힘을 소유하고 있다면 물적 자산을 소유하는 것은 비교적 선택적인 조건임을 앞서 몇몇 사례들을 통해 밝혔다. 그러나 타인에 대한 지배력은 돈이 아닌 다른 수단으로도 얻을 수 있는 것이기에, 앞에서 말했지만 돈의 지배력은 불완전하고 불확실하다. 이 세상에는 돈으로 얻을 수 없는 것과, 돈으로 붙들어 둘 수 없는 것들도 많다. 또, 황금으로 살 수 없는 기쁨도 많고, 황금으로 다 보상할 수 없는 인간의 마음에 자리한 고귀한 가치들도 많다.

너무 진부한 잔소리를 한다는 독자들의 원성이 내 귀에 울려오는 듯하다. 하지만 돈이 지닌 지배력은 비록 그 두께와 무게를 측량할 수 없는 비물질적인 것이라 해도 우리 손에 쥐어진 묵직한 돈다발에서 느껴지는 물리적인 두께와 무게만큼 우리 삶에 실제적인 영향을 미친다는 사실마저 진부하지는 않다. 이마저 우리 귀에 진부하게 들린다면 얼마나 좋겠는가. 보이지 않는 황금을 한가득 손에 쥐고 소낙비처럼 황금가루를 뿌려 다른 사람들의 마음을 흡족히 적시는 사람이 있어, 보이는 황금을 뿌리는 사람보다 더 큰일을 행하리라. 보이지 않기에 비록 측량할 수 없다고 해도 경제학자들마저도 언젠가는 눈이 열려 이 황금을 주시하게 될 것이다.

둘째로, 부의 본질은 타인에 대한 지배력에 근본 바탕을 두고 있기에, 만약 명목상 '부'라 불리면서도 실제적으로 이 힘을 행사하지 못하는, 즉 그 본질을 상실한 부는 더 이상 부로써 존재하지 못한다. 근래 영국에서는 집안 하인들을 다스리는 신사들의 권세가 예전만 못한 듯싶다. 임금이 제때 지급되지 않기라도 하면 성난 하인들이 당장이라도 이층 주인의 안방으로 뛰어들어 올 것 같은 사회 분위기가 팽배하다. 어떤 신사의 응접실에서 이런 일들이 하루가 멀게 일어난다면 그의 재력이 쇠퇴기에 있음을 누구나 감지할 수 있다.

영국의 부자들은 자신의 하인들을 위엄으로 다스리는 것은 고사하고 그들이 불만 없이 그저 잠잠할 수 있도록 안락한 의식주를 보장해줄 힘마저 부족해 보인다. 부엌에서 일하는 하인이 남루한 옷을 걸치고 하루 식사 가운데 반은 굶어 누렇게 뜬 얼굴을 하고 있을 정도니, 누구나 영국 재력가들의 부에 대해 그저 이론과 서류에나 존재하는 정도로 생각하지 않겠는가.

셋째로, 부의 본질은 타인에 대한 지배력에 근본 바탕을 두고 있기에 지배를 받는 사람들이 고귀하면 고귀할수록, 또 그 수가 많으면 많을수록 그만큼 부도 그 가치가 증대할 것이다. 아니 조금 더 깊이 생각해 보면 인간 자체가 부가 아닐까 싶다.

사람을 원하는 대로 부리고 싶을 때 우리는 주로 비잔틴 금화[7]를 사용하는 버릇이 있는데, 황금은 미개한 자의 눈에나 반짝반짝 아름다워 보이는 것이고, 그 화려하다는 비잔틴 양식으로 조각되었다고 해도 결국 말 등에 얹히는 마구馬具와 그 위에 새겨진 장식과 같은 용도에 불과하지 않겠는가. 비잔틴 금화를 그 입에 군침 돌게 흔들어대고 그 귀가 솔깃하게 짤랑거리지 않고도 스스로 따르는 동물이 인간이라면, 그들은 굴레보다 더 가치 있는 고귀한 존재들이 아니겠는가.

언젠가 부의 광맥은 지하 암석 속이 아닌 인간의 몸 속에서 불그스름한 자줏빛을 발하며 흐른다고 밝혀질지 모른다. 그 광맥에서 길어 올린 부는 뜨거운 숨을 내쉬고, 두 눈에는 생기가 발하며, 그 가슴은 행복으로 부풀어 오른 인간의 모

---

[7] 비잔틴 로마제국의 초대 황제 콘스탄티누스 1세(272~337) 때부터 수도 비잔티움에서 발행되어, 로마제국이 멸망한 이후에도 그 희소가치로 인해 중세 유럽에서 고가에 통용되었다. '비잔틴'이라는 단어는 비잔티움 도시의 사람과 문화를 지칭하는 반면, 제국의 부와 권력을 차지하기 위해 수많은 암살이 자행되었기에 '권모술수'를 의미하기도 한다. 한편, 동양과 서양의 예술 양식을 종합하여 발전시킨 비잔틴 예술 양식에 근거하여 '화려한', 혹은 부정적인 뉘앙스로 '복잡한'이라는 뜻도 가지고 있다. 러스킨은 이 단어에 담긴 여러 의미를 이용한 언어의 유희를 통해 권모술수와 화려한 허상으로 인간을 말처럼 억제하여 이끄는 그릇된 부의 굴레를 꼬집고 있다. _역자주

습에서 비로소 궁극적인 목적과 최고 정점에 이른다는 연구
결과가 발표될지도 모른다.

그러나 경제학이 정의하는 부는 이에 역행하고 있다고 사
료된다. 대부분의 경제학자들은 인구의 증가가 부의 증진에
도움이 되지 않는다거나, 초점을 잃은 눈동자와 구부정하게
굽은 가슴을 가진 인간이 부의 증진에 기여한다고 생각하는
듯하다.

누가 뭐라고 해도 인간다운 인간을 길러내는 것이야말로
가장 전도유망한 사업이 아닐까? 이 중요한 질문에 대한 답
은 다시금 말하는데, 독자들의 깊은 사려에 맡겨두려고 한
다. 아니, 나는 감히 영국이 마침내 존재가 아닌 소유로서의
부에 대한 모든 사상들을 그 발상지인 미개한 족속들에게 되
돌려주는, 예기치 못한 순간에 찾아올 먼 장래의 그날을 꿈
꾸어 본다.

그날에도 비록 인도의 인더스 강에서 채취한 사금과 골콘
다[8]에서 채광한 다이아몬드가 영국군의 군마를 장식하고 인
도 노예들의 머리에 얹힌 터번[9] 위에서 반짝거릴지라도, 기
독교 신앙을 가진 어머니로서 영국은 끝내, 힌두교도의 어머

니인 인도조차 갖추고 있는 미덕으로 자녀들을 길러낸 뒤에, 그 이교도 어머니 앞에 영국의 아들과 딸들을 세워 보이며 "이 아이들이야말로 저의 보석입니다"라고 자랑스럽게 말할 수 있는 그날을 나는 감히 꿈꾸어 본다.

---

8 인도 남부 안드라프라데시주 중북부의 하이데라바드 도시 지구에 있는 요새로서 폐허가 된 도시. 1512 ~ 1687년 데칸의 다섯 이슬람 술탄국 중 하나인 시아 왕국의 수도였다. 근처의 산에서 나는 역암에서 추출해낸 다이아몬드로 유명했다.

9 터번turban : 이슬람교도나 인도인이 머리에 둘러 감는 수건 _역자주

.

제 3 편

지상의 통치자들이여
qui judicatis terram

Unto This Last

> 사람이 자기가 하는 일에서 행복을 얻기 위해서는
> 그 일을 좋아하고, 그 일을 지나치게 해서는 안 되며,
> 그 일이 성공하리라는 생각을 품고 있어야 한다는
> 세 가지 조건이 충족되어야 한다.
> – 존 러스킨

     기원전 몇 세기 전에 당시 '황금해안'이라 불리던 오빌과의 대규모 무역거래를 통해 당대 최고 부자의 반열에 올랐다고 전해지며 뛰어난 사업 수완으로도 명성이 자자했던 한 유대 상인이 부에 대한 몇 가지 교훈들을 그의 거래장부 한 구석에 적어두었다는데, 무슨 조화인지 그 책이 오늘날까지 잘 보존되어 전래되었다.[1]

  그의 잠언들은 중세 시대에 가장 왕성하게 활동했던 무역 상인들에게 지대한 영향을 미쳤고, 특히 베네치아 상인들은

---

[1] 이 유대 상인은 솔로몬 왕을, 그가 지닌 거래장부는 구약성서를 의미한다._역자주

그 유대 상인의 동상을 시 정부건물 한 모퉁이에 세워 두고 경이에 찬 눈으로 우러러 볼 정도였다. 그런데 근래 들어서는 그의 잠언들 하나하나가 경제학의 원리와 충돌한다는 이유로 여기저기서 폄하되고 있다고 한다. 거기에 굴하지 않고 그 가운데 한두 구절을 여기에 인용해보려 한다. 물론 그의 잠언이 전해주는 참신함이 독자들의 이목을 사로잡은 것도 한 이유가 되겠지만, 그보다는 결코 실패했다고 폄하할 수 없는 한 상인을 모델로 삼아 살벌한 생존경쟁에 뛰어든 상인일지라도 깨끗한 부와 더러운 부의 차이를 구분할 지각과 교양을 갖출 수 있음을 보여주기 위함이다. 그 차이점에 대해서는 지난 논문에서 제한적으로 다루었기에 이번 논문에서 좀 더 철저하게 검토하려 한다.

한 예로 잠언에서 그 유대 상인은 이런 교훈을 주고 있다. "속이는 말로 재물을 모으는 것은 잠깐 나타났다가 사라지는 안개 같으니 곧 죽음을 구하는 것이라"[2] 다른 곳에서도 이와 유사한 의미를 두 구절씩 짝지어 뜻을 전달하는 유대인 고유의 독특한 시가문학 형식으로 말하고 있다. "불의의 재물은

---

2 구약 〈잠언〉 21:6 참조 _역자주

무익하여도, 공의는 죽음에서 건지느니라."[3]

두 구절에서 이 유대 상인은 죽음을 부당한 방법으로 획득한 부에 대한 인과응보의 결과로서 부각시키고 있다.

첫째 구절의 '속이는 말' 대신에 '속이는 상표', '속이는 제품명', '속이는 포장' 혹은 '속이는 광고'를 넣어 읽으면 좀 더 분명하게 현대 상업계를 향해 던지는 그의 도전적인 음성을 들을 수 있다. "죽음을 구한다"는 말에 현대 상경제의 횡포 아래 사람들이 겪는 고통의 실제가 고스란히 묻어난다.

흔히 죽음이 우리를 뒤쫓고 우리는 죽음을 피해 달아난다고들 생각하는데, 사실은 반대인 경우가 허다하다. 죽음이란 대개 자신을 눈부시도록 아름답게 화장하고 우리 앞에 나타난다. 어떤 고대 왕의 딸이 뽐내던 내면의 빛이 아닌, 둘러입은 황금 실로 짠 옷이 외면의 빛을 뽐낸다. 그런 죽음을 우리는 평생 집요하게 뒤쫓아 다니고, 그녀는 내내 우리를 피해 달아나거나 숨곤 한다. 그러다가 인생의 말년에 이르러서야 이룰 영광스런 업적이란 결국 죽음을 꼼짝 못하게 사로잡은 뒤에 가면을 벗겨 그녀의 본 모습, 즉 허름한 의복을 걸치

---

3 구약 〈잠언〉 10:2 참조 _역자주

고 먼지를 뒤집어 쓴 독살스런 모습을 확인하는 것이다.

유대 상인은 계속해서 읊조린다. "부유해지려고 가난한 자를 학대하는 자는 가난하여질 뿐이니라."[4]

이번엔 좀 더 강한 어조로 외친다. "약하다고 하여 가난한 자를 탈취하지 말며, 약하다고 하여 곤고한 자를 시장 입구에서 압제하지 말라. 지존자께서 약한 자들을 노략하는 자들의 생명을 취하시리라."[5]

'약하다고 하여 가난한 자를 탈취'하는 것은 상인의 탈을 뒤집어 쓴 강도질로, 타인의 절대적 필요를 이용해서 그의 노동과 재산을 헐값에 빼앗는다는 말로 이해된다. 이 유대 상인에게는 이와 반대되는 상식적인 형태의 강도질, 즉 가진 것이 많은 부자를 탈취하는 강도질은 관심 밖이었던 듯싶다. 아마도 부자를 상대로 탈취하는 것은 그 위험에 비해 건지는 것이 상대적으로 적기에 어느 정도 머리가 돌아가는 사람들은 좀처럼 하지 않았기 때문일 것이다.

내포하고 있는 의미의 무게감에 있어서 다음 두 구절이 다

---

4 구약 〈잠언〉 22:16 참조 _역자주
5 구약 〈잠언〉 22:22 ~ 23 참조 _역자주

른 구절들에 비해 가장 귀를 기울일 만하다.

"부유한 자와 가난한 자가 만나거니와 그들 모두를 지으신
이는 지존자 주님이시라."[6]

"부유한 자나 가난한 자가 만나거니와 그들 모두의 빛은
지존자 주님이시라."[7]

그들은 '만나거니와'에서 '만나다'로 번역한 라틴어 동사
*obviaverunt*를 문자 그대로 풀어쓰면 '외다리에서 서로 가로
막고 서 있다'라는 뜻이다. 즉, 창세 이래로 부와 가난의 작
용과 반작용, 부자와 빈자의 얼굴을 마주 댄 대립을 예정하
고 필연적으로 발생시키는 법칙, 마치 모든 지류가 바다로
향해 흐르고 전하를 띤 구름들 사이로 전류가 흐르는 것 같
은 만유의 법칙이 하나 있다면 바로 이것이다. "그들 모두를
지으신 이는 지존자 주님이시라." 그런데 이 만유법칙의 작
용은 부드럽고 질서 있게 나타날 수도 있고, 혹은 냉혹하고
파괴적으로 나타날 수도 있다. 모든 것을 집어삼키는 홍수같
이 격렬하게 이루어질 수도, 혹은 생활용수로 쓸 수 있는 물

---

6 구약 〈잠언〉 22:2 참조 _ 역자주
7 구약 〈잠언〉 29:13 참조 _ 역자주

같이 잔잔하게 흐르며 이루어질 수도 있다. 낙뢰와 같이 어둠 속에서 번쩍일 수도, 혹은 저 먼 곳으로부터 끊임없이 들려와 속삭이는 달콤한 사랑의 언어처럼 생명의 불꽃 속에서 춤출 수도 있다.

부자와 빈자 모두가 그들을 지으신 주님만이 빛 되심을 아는 것, 그리고 깜깜한 인생의 신비에서 서로가 서로의 얼굴을 마주 바라보며 살 수 있는 것마저 주님이 비추시는 이 빛이 있기에 가능하다는 사실을 앎에 따라 법칙의 작용이 어떻게 이루어질지 결정된다.

고대 유대 상인이 지녔던 거래장부 중 또 다른 책에는 이 빛에 대해 '공의로운 태양sun of justice '8이라고 명했는데, 이 빛에 대해서 마침내 그 날개를 활짝 펴고 날아올라 치유의

---

8 고어古語 원문에 좀 더 충실하자면 '저스티스justice'가 아니고 '저스트니스justness'이다. '저스티스'의 고어인 '저스트니스'라는 단어가 발음하기 불편하기 때문에 당시 '공의'라는 뜻의 righteousness라는 단어가 빈번하게 차용되었다. 그러다가 '공의'라는 단어가 '경건'과 혼동되거나 혹은 다른 여러 의미들이 모호하고 부분적으로 이 단어의 의미와 섞여짐에 따라, 그 결과 이 단어가 등장하는 구절에서 정작 그 의미가 독자들에게 전하는 무게감을 거의 상실하기에 이르렀다. '공의'라는 단어는 본래 통치정의를 내포하는 뜻을 담고 있어, 판결 정의를 내포하는 '공평'과 구별된다. 그 의미를 조금 더 확대해석하면 '공의'는 군왕이 백성을 선도하고 다스리는 통치 제반의

광선, 즉 건강을 회복시키고 흐트러진 것을 추스려 온전케 세우는 능력을 발할 것이라 예언하고 있다.[9]

실로 '정의'만이 이러한 회복의 능력을 발할 수 있으니 사랑도, 믿음도, 소망도 정의가 없이는 사람을 바로 세우지 못하리라. 좌우를 분간하지 못하고 똑바로 서지 못한 사람에게 사랑은 어리석고 믿음은 헛될 뿐이다. 가고 오는 세대를 거쳐 일어선 인류의 지도자들이란 사람들이 하나같이 동일하게 저지른 과오가 있다면 신이 지키라고 명령한 '그것'만을

정의를, '공평'은 재판관이 양자 가운데 서서 시비를 가리는 판결 제반의 정의를 뜻한다.(그렇기에 예수는 질문을 두 개로 나누어 던졌던 것이다. "누가 나를 너희의 '지배자' 혹은 '재판관'으로 세웠느냐?") [신약 〈누가복음 12:14〉 참조. 러스킨은 '지배자'라는 헬라어 단어를 '공의'와 같은 어근을 가진 '디카/스테이스'로, '재판관'이라는 헬라어 단어는 '나누는 사람'이라는 뜻의 '메리/스테이스'를 사용한 헬라어 성경에서 이 질문을 인용하고 있다. _역자주] 그래서 (양자택일을 해야 하는 차원의 정의이기에 보다, 소극적이고 수동적인) 판결 정의와 관련해 '선택하다'는 뜻의 라틴어 동사 *lego*에서 '법률에 관한'을 뜻하는 라틴어 *lex*, 영어 legal, 프랑스어 loi, 그리고 '우직한'이라는 뜻의 영어 형용사 loyal 같은 단어들이 파생되었다. 반면, (지시하는 차원의 정의이기에 보다, 적극적이고 능동적인) 통치 정의와 관련해 '지배하다'는 뜻의 라틴어 동사 *rego*에서 '군왕'을 뜻하는 라틴어 *rex*, '군왕의'라는 뜻의 영어 regal과 프랑스어 roi, 그리고 '왕실의'라는 뜻의 영어 형용사 royal 같은 단어들이 파생되었다.

9 또 다른 책은 구약 〈말라기서〉를 가리킨다. 제4장 2절 참조 _역자주

빼먹고 지키지 않은 채, 자선을 베풀고 인내와 소망에 대해 설교하고, 그밖에도 고통을 어르고 위로하는 다른 온갖 수단을 통해 가난한 자들을 도와 세울 수 있다는 오판을 한 것이다. 여기서 그것은 바로 '정의'다. 고결한 노동력을 발휘하는 이 정의라는 노동자는 당대의 신사들이라는 사람들에게조차 고용을 외면당하고, 다른 노동자들에게는 증오의 대상이 된다. 그래서 인력시장에서 노동자들을 뽑을 기회가 주어졌을 때, 고용주들은 '고결하고 의로운'[10] 이 노동자 대신 살인자와 폭동의 주동자와 강도를 선택했던 것이다. '생명의 주' 대신 살인자를, '평화의 왕자' 대신 폭동의 주동자를, 온 세상의 '공의로운 심판자' 대신 도리어 강도를 요구한 것이다.[11]

앞에서 부의 흐름의 한 단면을 설명하기 위해 바다로 흘러드는 지류를 비유로 사용했다. 어떻게 보면 이 비유는 부의 흐름이 갖는 특징의 한 단면을 보여주기보다는 전면을 보여주는 듯 싶다. 통상적으로 경제학자들은 갖가지 소유재산의 형태로 나타나는 부가 필요가 있는 곳으로 모여드는 보편

10 다른 책에서는 같은 의미로 "공의로우며 구원을 베푸는" 왕으로 적혀있다. 구약 〈스가랴서〉 9:9 참조 _역자주

11 신약 〈사도행전〉 3:14 참조 _역자주

적인 현상, 달리 말하자면 수요가 있는 곳에 공급이 이루어지는 현상을 발견했다고 의기양양하게 떠든다. 거기에 한 술 더 떠서, 이러한 부의 흐름은 인간의 어떤 법률로도 막아설 수 없다고 공언하기까지 한다. 그 원리나 보편성에 있어 이러한 부의 특질과 똑같이, 이 세상의 모든 물 또한 흘러야 할 곳으로 흐르게 되어 있다. 물은 언제나 높은 곳에서 낮은 곳으로 흐른다. 물의 여러 형태 중의 하나인 구름이나 강물의 진행을 인간의 의지로 통제할 수도 없다. 그렇지만 인간의 선견지명으로 댐을 이용해 때에 따라 물을 담아두고 방출하는 것은 어느 정도 가능하다. 인간의 지혜와 노력에 따라 강물은 재앙이 될 수도 축복이 될 수도 있다.

세계 곳곳에 토양은 비옥하고 기후는 온화한데 자주 범람하는 강물로 인해 수세기 동안 황무지로 버려진 땅, 단순히 인간이 거주하지 못하는 땅이 아니라 전염병이 창궐하는 죽음의 땅들이 있다. 제대로 관리되었으면 전답 사이를 흐르며 신선한 공기를 뿜어내고, 인간과 가축에게 생명의 양식을 공급하며, 그 물결 날개에 무거운 짐까지도 대신 실어주었을 축복의 물이 지금은 평원을 뒤덮고 침수시켜 썩은 공기를 토해내고 있다. 그 숨결은 전염병을, 그 물결은 기근을 불러일으킨다. 이와 같이 부 또한 흘러야 할 곳으로 흐르게 되어 있다. 그리고 어떤 인간의 법률로도 그 흐름을 완전히 막아설수 없고, 다만 그 흐름을 적절히 유도할 수 있을 뿐이다. 부의 흐름을 이어주는 도랑과 막아서는 둑을 적절히 번갈아 이용하면 부는 생명수, 즉 지혜자의 손에 들린 부귀가 될 수 있다.[12] 반대로 그 흐름을 관리하지 않고 멋대로 흐르게 내버려두면, 과거의 수많은 전례처럼 모든 악덕의 뿌리를 배양하는 가장 치명적인 '마라의 물'이 되어 국가를 파멸로 이끌 수도 있다.[13]

부의 흐름을 잇고 통제하는 법칙의 필요성이 경제학자라는 사람들이 정의하는 '경제학'의 범주 안에서는 정작 경시되고 있으니 기이한 노릇이다. 이유인즉슨, 그들의 경제학은 단순히 '부자가 되는 학문'에 지나지 않기 때문이다. 부자가 되는데 필요한 잡다한 '기술'이 있듯이, 부자가 되는데 필요한 '학學' 또한 여러 가지다. 지주를 독살하는 것은 중세

---

12 "그(녀)의 오른손에는 장수가 있고 그(녀)의 왼손에는 부귀가 있나니" 구약 〈잠언〉 3:16 참조 _역자주

에 유행하던 수법이었고, 소작농의 음식에 불순물을 섞는 것은 요즘 널리 쓰이는 수법이다. 고대 스코틀랜드 북부 족속들이 사용했던 협박장은 그래도 기품이라도 있었는데, 신용을 담보로 한 외상 구입은 그에 비해 현대적이면서도 기품은 떨어진다. 그밖에 가장 정교한 기술을 요한다는 소매치기에 이르기까지, 현대 경제학의 천재들이 크고 작은 규모의 갖가지 경제활동을 위해 고안한 모든 현대화된 수법들은 모두 하나같이 부자가 되기 위한 학문과 기술의 범주 안에 속한다고 볼 수 있다.

그렇다면 경제학을 다름 아닌 '부자가 되는 학문'이라고 정의하는 통속적인 경제학자들은 부자가 되는 갖가지 기술

---

13 구약 〈출애굽기〉 15:22 ~ 23 참조. 히브리어 '마라'는 '쓰다'는 뜻이다. 이스라엘 백성이 모세와 함께 홍해를 건넌 후 3일 동안 광야를 걸어 처음 발견한 물이 그만 써서 마실 수 없었기에 그 장소를 '마라'라고 명하였다 한다. 이에 갈증 난 백성들의 원망을 들은 모세가 그의 하나님 지시대로 나뭇가지 하나를 꺾어 물에 던지니, 이에 쓴물이 단물로 변하여 온 백성들과 가축들이 해갈하였다고 한다. 모세가 이스라엘 백성을 이집트 파라오의 손에서 해방시키기 위해 행한 열 가지 재앙들도 대부분 이집트에 부유함을 가져다주던 나일 강과 직간접적으로 연관된 것들이었다. 물이 어떻게 인간에게 재앙이 되는지 보여주는 윗 단락의 성서에 기록된 재앙을 연상시키는 묘사에서 모세가 물을 통해 파라오에게 행한 이적인 '마라의 물'에서 러스킨의 의도가 엿보인다. _역자주

과 방법들에 대한 세부적인 제재 장치 또한 연구해야 옳다. 이렇게 말하는 근거는 경제학에 대한 그들 나름의 정의에서 '부자가 되는 학문' 앞에 '합법적이고 정당한 방법으로'라는 단서가 당연히 붙어있을 것으로 추정하기 때문인데, 내가 혼자 김칫국 마시고 있는 게 아니길 바란다.

'합법적이고 정당한 방법으로 부자가 되는 학문'이라는 이 경제학에 대한 정의에서 '합법적 방법'과 '정당한 방법' 중 어느 단어가 끝까지 경제학 사전에 남게 될 것인가? 이를 묻는 이유는 어떤 나라에서는, 혹은 어떤 통치자의 지배 하에서, 또는 어떤 변호사들의 말장난으로 인해 정당하지 않으면서도 합법적으로 부자가 되는 것이 얼마든지 가능하기 때문이다. 만약 '정당한 방법'이라는 단어가 경제사전에 남는다면, 이 시대에 괄시 천대 받는 이 단어 하나가 '부자가 되는 학문' 앞에 수식어로 붙는 것만으로도 분명 실생활에서 무시하지 못할 차이를 만들 것이다.

이 정의에 따르면 합리적으로 부자가 된다는 것은 분명 정당한 방법으로 부자가 된다는 뜻이기에, 그러려면 먼저 정당한 것이 무엇인지를 아는 데서 출발해야 한다. 정당한 것이 무엇인지를 아는 것은 주관적인 사리분별력이 아닌 법학에 근거한 기준이 되어야 하고, 그 중에서도 인간의 법도가 아닌 신의 법도를 그 시금석으로 삼아야한다. 따라서 개인의 어떤 주관적인 사리분별도 결코 임의적일 수 없고, 저 하늘 높은 곳에 자리를 잡아 '공의로운 태양'이 발하는 빛을 영원토록 바라봐야 하는 것이다. 단테는 이러한 분별력을 갖춘 사람들을 하늘에 영원히 자리 잡은 독수리 눈의 형상을 가진 별들로 묘사했다.

이들은 살아생전에 어둠으로부터 빛을 분별할 줄 아는, 모든 인류에게 있어 인간의 신체 중 눈과 같은 존재들이었기 때문이다. 이들은 정의에 권세를 더해주고 치유의 능력을 발하는 독수리의 날개 같은 존재들로, 그 날개로 날아올라 빛을 물감 삼아서 창공에 이런 글귀를 새긴다.

"DILIGITE JUSTITIAM QUI JUDICATIS TERRAM"

즉 "지상의 통치자들이여," 그저 평범한 사랑이 아닌, 부디 "각별한 사랑을 정의에게 베풀어라."[14]

정의를 향한 사랑은 다른 모든 것을 제쳐두고 각별히 택하여 끝없이 쏟는 사랑이어야 한다고 단테는 역설하고 있다.

지상에서 판결을 내리고 시행하는 것은 단지 재판석에 앉은 사람만의 몫도, 왕위에 앉은 사람만의 몫도 아니다. 모든 사람이 각자의 역량과 권한에 따라 판단하고 그에 따라 실천해야 한다.[15] 그런데 타인을 세우고 치유하는 '성도'로 부름을 받았다고 하고, 지혜와 분별로 타인을 인도하는 '선택 받은 왕'으로 부름을 받았다고 하는 기독교인들조차 자신들의 소명에 대해 기록한 성경 구절을 '아멘'으로 화답하며 순종할 준비가 되었다고 고백하면서도, 애석하게도 '재판장'으로서의 소명은 심각하게 여기지 않는 듯하다. 무자비하고 무능한 사람들이 성직과 왕위를 더럽혀왔고, 또한 성직의 거룩함과 왕위의 엄위함은 자비와 분별력이 아닌 길게 늘어뜨린 사제

---

14 단테의《신곡》〈천국편〉제18곡 중에서 91~93행 인용. 솔로몬의《지혜서》의 첫 구절을 라틴어로 인용한 것이다. _역자주

15 들은 바에 의하면, 논문 제1편에서 '법률가의 직무는 정의를 실현하는 것이다'라고 주장한 것에 대해 몇몇 법률가들이 기쁨을 금하지 못했다고 한다. 비록 웃자고 한 소리는 아니었지만, 그렇다고 해서 정의구현을 위한 입법화와 집행절차가 특별히 법률가들에게만 한정된 고유의 직무라고 말하려는 의도가 없었던 것도 사실이다. 국가를 세우는 역군들인 군인, 목회자 그리고 법률가들이 더욱 헌신하고, 지혜롭고, 정직해질수록 국가는 보다 더 부강해질 것이다.('목회자'라는 총칭에는 교사도 포함되고, '법률가'라는 총칭에는 해석자뿐 아니라 입법자도 포함된다)

복과 높이 솟은 왕관에서 근거한다는 생각이 보편화되면서 성직과 왕위에 깃든 신성함은 이미 오래 전에 땅에 떨어지고 말았다. 진정한 성직으로부터 인간을 구원하는 힘이 발하여지고, 진정한 왕위로부터 인간을 다스리는 힘이 발하지 않는가. '불의'는 다름아닌 이 신성한 힘의 원천에 대한 부인으로써, 인간을 "땅 위를 기어다니는 곤충과 바다 속을 헤엄치는 물고기와 다를 바 없는 존재"로 전락시킨다.[16]

절대적인 진리와 마찬가지로 절대적인 정의 또한 우리 손으로 쥐락펴락 할 수 있는 것이 아니다. 그러나 참된 사람과 그릇된 사람을 진리에 대한 갈망과 소망으로 구별할 수 있듯이, 의로운 사람과 불의한 사람 또한 정의에 대한 갈망과 소망으로 구별할 수는 있다. 비록 절대적인 정의를 이루는 것은 우리의 능력 밖이라 해도, 일상생활에서 필요한 정도의 정의라면 이를 목표로 삼는 이는 누구나 이룰 만하다.

그렇다면 이제부터 일상생활에 필요한 정의로서 노동에

---

16 수요와 공급의 법칙에 따라 사는 것은 쥐나 늑대의 특성일 뿐 아니라 물고기의 특성이기도 하지만, 옳고 그름의 법칙에 따라 사는 것은 다른 동물들과 구별되는 인간만의 고유 특성이다. 구약 〈하박국서〉 1:14 참조

대한 금전적 보수와 관련하여 어떻게 합법적인 정의를 추구하겠는가 하는 당면한 주제를 검토할 차례가 되었다. 이와 관련된 주제를 다루는 법학은 법학 전체를 떠받치는 기초 토대 가운데 결코 적지 않은 비중을 차지하고 있다.

전편 논문에서 금전적인 보수의 개념을 가장 단순 극명한 상황들로 설정하여 설명하였다. 그렇다면 금전적 보수의 본질과 관련한 정의구현 또한, 같은 상황의 테두리 안에서 그 필요 조건들을 찾아낼 수 있을 것이다.

금전적 보수란 결국 우리가 필요로 하는 만큼 자신의 시간과 노동력을 사용한 사람에게 언젠가 훗날 그가 필요할 때 동일한 만큼의 우리의 시간과 노동력을 제공하거나, 아니면 알선해주겠다는 일종의 '약속'인 셈이다.[17]

우리에게 제공한 노동에 비해 더 적은 양의 노동을 제공하기로 약속했다는 것은, 달리 말하면 적정 보수보다 적게 지급했다는 뜻이다. 반대로 우리에게 제공한 노동에 비해 더 많은 노동을 제공하기로 약속했다는 것은, 곧 적정 보수보다 많이 지급했다는 뜻이다.

수요공급의 법칙이 고용시장에 적용될 때, 하나의 일자리를 놓고 두 노동자가 지원한다면 그들은 더 싼 노동임금을 요구하며 경쟁을 펼치게 된다. 그리고 그 일자리에 고용된 노동자는 적정 보수보다 적은 임금을 받게 된다. 반대로 노동력을 필요로 하는 두 고용주가 있는데 고용시장에 한 노동자만 남아있다면, 두 고용주는 서로 더 비싼 노동임금을 제시하며 경쟁을 펼치게 된다. 그리고 일자리에 고용된 노동자는 일반인의 적정 보수보다 많은 임금을 받게 된다.

이 두 가지 상황 모두에서 발생하는 부조리에 대해 검토하기에 앞서 미달된 보수와 초과된 보수 사이의 어느 지점엔가 형성되는 적정 수준의 보수를 결정짓는 핵심 원리에 대해 논

---

17 언뜻 보기에 노동자를 고용하기 위해 지급하는 시장가격이 노동의 교환가치에 대한 금전적 환산으로 보이지만 조금만 더 깊이 들여다보면 그렇지 않다는 것을 알 수 있다. 시장가격은 노동에 대한 수요가 발생한 당시의 현장 가격이므로, 노동의 결과로써 얻는 최종 생산물의 가치로 환산되어야 할 노동의 실제 교환가치와는 차이가 있다. 이 차이에 대해서는 나중에 다루도록 하겠다. 또한 여기서는 상품의 교환가치는 배제하고 순전히 노동의 교환가치에 대해서만 논하고 있다. 어떤 상품의 교환가치는 그 상품을 생산하는 데 필요한 노동의 교환가치와 그 상품에 대한 시장 수요도를 곱한 결과 값이다. 즉, 노동의 교환가치를 $[x]$, 시장 수요도를 $[y]$라 한다면, 상품의 교환가치는 $[x] \times [y]$ 값이 된다. 따라서 $[x]$나 $[y]$ 중 하나라도 그 값이 $[0]$이면 상품의 교환가치 또한 $[0]$이 된다.

의하려고 한다.

우리가 누군가에게 노동을 부탁할 때 상대는 그 대가로 보수를 요구하거나, 그렇지 않을 수도 있다. 만약 무료로 봉사해 준다면 이는 애정과 호의 차원에서 이루어지는 사안이지 거래 차원에서 이루어지는 사안이 아니기에 여기서 문제 삼을 필요가 없겠다. 반면 유료보수로 일해 주는 경우엔 결국 대신해 준 노동의 가치와 동일한 가치의 보수를 지급해야 하는데, 이때 정확한 보수를 지급한다는 것은 일한 시간에는 같은 시간, 일에 쏟은 노력에는 같은 노력, 그리고 일에 요구된 기술에는 같은 기술을 고스란히 돌려준다는 뜻으로 풀이된다. 그가 우리를 위해 한 시간을 일해 주었는데 우리가 그 대가로 나중에 30분 동안만 일해 준다면 우리는 부당한 이익을 챙기는 셈이다. 만약 그 대가로 한 시간 반을 일해 주기로 약속한다면, 이번엔 반대로 그가 우리에 대하여 부당한 이익을 챙기는 셈이다.

정의란 일대일의 정확한 맞교환에서 이루어지기에, 양자 간의 사회적 지위의 차이를 고려한다 해도 정의는 결코 고용주의 편의를 봐주지 않는다. 예를 들어, 어떤 사람이 가난하

다는 이유로 오늘 그에게서 1파운드의 빵을 받아서 내일 그
보다 적은 양의 빵을 돌려줘도 된다는 논리는 어불성설이다.
어떤 사람이 가방끈이 짧다는 이유로 오늘 그의 도움을 받고
서 내일 그보다 하찮은 도움으로 갚아도 상관없다는 논리도
마찬가지다. 내가 받은 것보다 어느 정도는 더 많이 되돌려
주는 것이 결국 존경받는 모습이 아닐까? 존경까지는 아니더
라도 적어도 사람이 가진 배포가 더 커 보이기는 할 것이다.
하지만 현재 단계에선 그 정도까지 바라는 것도 아니고 정의
에만, 단지 더도 덜도 없는 일대일의 정확한 맞교환에 의해
서만 실현가능한 절대적인 개념의 정의를 이루도록 집중하
자. 그런데 이처럼 단순명료해 보이는 정당한 보수의 기본
개념을 복잡하게 만드는 변수가 하나 있다. 노동은 마치 씨
앗과 같아서 결국엔 열매를 맺기 마련이므로, '선불' 받은 노
동을 나중에 갚을 때 그 열매(경제용어로는 '이익')을 고려
하여 여분의 추가 노동을 더 얹어 돌려주어야 비로소 균형
이 맞게 된다. 연말이나 특별히 약정한 어느 시기에 빚진 노
동을 얼마큼의 추가 노동과 함께 갚아야 할지 계산하는 것은
어느 정도 수월할 것이다. 하지만 금전(현금)으로 갚는 경우

에는 시간의 요소가 제외되므로 어렵다.(왜냐하면 채무자가 채권자에게 빌린 돈을 단번에 소비하거나 몇 년에 걸쳐 소비하느냐는 개인마다 사정이 다르기 때문이다)

이 상황에서 우리가 말할 수 있는 것은 노동을 먼저 제공해 준 채권자에게 '어찌하였든' 결과적으로 발생한 이익의 일부를 분배해 주는 것이 공평하다고 우물우물 얼버무려 버리는 것이다. 아무튼 노동교환에 있어서 이 변수를 고려한 정상적인 거래계약 형태는 다음과 같은 식일 것이다.

"당신이 오늘 나를 위해 한 시간 동안 일해 준다면, 당신이 요구할 때 나는 한 시간 외에 5분을 추가로 일해 주겠소."

"당신이 오늘 나에게 빵 1파운드를 꿔 준다면, 당신이 요구할 때 나는 빵 17온스로 돌려주겠소."[18]

공정한 노동교환을 위해 독자들이 반드시 기억해 두어야 할 원리를 간략히 정리하면, 나중에 갚는 양이 처음에 빌린 양보다 최소한 적지는 않아야만 공평한 교환이 성사된다는 것이다.

이 원리를 노동에 대한 정당한 금전보수, 즉 공평한 노동

---

18 이 당시 무게 단위로 1파운드는 16온스였다. _역자주

임금을 어떻게 결정해야 하느냐는 질문에 적용해 보면, 노동자가 처음에 제공한 노동력보다 최소한 적지 않은 노동력을 나중에 살 수 있을 만큼의 금전보수가 지급되어야 한다는 답을 얻게 된다. 여기서 한 가지 꼭 유념해야 할 것은, 노동에 대한 공평하고 정당한 보수는 그 일을 하기 원하는 노동자의 숫자에 전혀 영향을 받지 말아야 한다는 것이다. 예를 들어 내가 타고 다니는 말의 발굽에 박을 편자가 필요하다고 하자. 적게는 20명, 많게는 2천 명의 대장장이가 편자를 만들어 주겠다며 몰려올 것이다. '편자를 만들 단 한 사람의 대장장이에게 얼마의 보수를 줘야 적당한가?' 라는 답을 구하는 데는 그 일을 하고 싶어 하는 대장장이들의 숫자는 아무런 영향을 미치지 않는다. 고용된 대장장이는 말의 편자를 만들어 주기 위해 필요한 기술과 노력을 그의 평생 중 대략 15분 정도 소비할 것이다. 이를 다른 말로 풀어쓰면, 언젠가 나 역시 그를 위해 혹은, 다른 누군가가 나를 대신해서 15분에 몇 분을 더 추가해서 그 대장장이가 나를 위해 사용한 것보다 더 고급스런 기술과 더 많은 노력으로 그가 필요로 하는 물건을 만들어 갚아야 할 빚을 진다는 뜻이다.

이것이 정당한 보수에 대한 이론적 개념이라면, 이 이론의 실제 적용은 한 가지 변수 때문에 수정이 불가피하다. 그 변수란, 보수를 조건으로 한 노동의 청구는 일반적이고 보편적인데 비해 그 노동의 서비스는 특수하고 제한되어 있다는 사실이다. 통용되는 동전과 지폐는 그 가치만큼 일하라는 국가의 노동 명령이나 마찬가지다. 일상생활에서 생겨나는 여러 필요한 것을 해결하라는 이 국가의 명령을 실행하는 것은 특수한 필요사항을 해결하는 노동보다 보통 그 값이 더 비싸다. 따라서 일상의 필요를 채우기 위한 일반적인 노동은 그 소량으로도 다량의 특수한 노동과 동등한 통화가치를 인정받는 것이 마땅하다. 그렇게 된다면 모든 기능공들이 30분 혹은 그보다 적은 시간 동안 국민의 필요를 해결하라는 국가의 명령을 떠받들기 위해 스스로 한 시간을 기술연마에 쏟게 될 것이다. 무형의 기술을 금전적 가치로 환산하는 어려움과 더불어,[19] 이론을 실제로 적용할 때 반드시 고려해야 할 이 변수는 공급된 노동에 대한 적당한 금전보수가 대략이라도 얼마인지 결정하는 작업을 매우 복잡하게 만든다.

하지만 아무리 복잡해도 여전히 교환법칙의 기본적인 틀 안에서 이루어지는 것이 사실이다. 비록 노동의 가치를 금전적으로 산출하는 것이 쉽지 않은 과정이라 하여도, 분명 일정 가치가 존속하기에 불가능한 일은 아니다. 이는 마치 어떤 물체가 다른 물체들과 결합해 있을 때 그 물체만의 비중

---

19 '기술'이라는 말은 일을 하는 과정 중에 사용되는 경험과 두뇌, 그리고 열정이 총체적으로 결합된 종합능력을 뜻하는 의미로 사용하였다. '열정'이라는 말은 전반적인 정신적 자질을 포함하는 의미로 사용하였다. 이 자질은 저차원적으로는 일정하고 섬세하게 손놀림을 유지할 수 있게 해주거나 다른 사람보다 두 배나 긴 시간 동안 지치지 않고 높은 능률로 일할 수 있게 해주는 인내심과 평정심에서부터, 고차원적으로는 학문적 연구를 가능케 하고 모든 예술적 가치들을 잉태 출산하는 단 하나의 위대한 모태가 되는 초월적인 감성과 상상력까지 포함된다.

정신적 자질은 고사하고 적어도 감정적인 요소는 분명히 경제 공식의 계산에서 빠뜨릴 수 없는 함수 값인데, 경제학자들이 이를 간과하는 것은 참으로 기이한 현상이다. 존 스튜어트 밀을 예로 들어보자. 그는 "물량적 생산의 관점에서만 보더라도 인간의 정신적 '사고'가 갖는 중요성은 이루다 말할 수 없다."고 말하면서, 이어 경제활동에 있어 인간의 감정이 중요하다는 말을 목구멍까지 올려놓고는 정작 '사고' 뒤에 '감정'이라는 단어를 이어서 내뱉지 않았다는 사실이 나로서는 이해하기가 어렵다. 그와 관련된 예를 하나 더 들어보면, 그는 노동에 대한 자신의 첫 번째 정의에서 "어떤 작업을 할 때 누군가의 아이디어에 대해 호응하지 않을 때 일어나는 불쾌한 감정"이라는 문구를 넣었다. 그런데 왜 '호응할 때 일어나는 유쾌한 감정'은 넣지 않았나? 일의 능률을 떨어뜨리는 부정적인 감정 상태가 반대로 일의 능률을 촉진시키는 긍정적인 상태보다 노동의 본질에 가깝다는 뜻이란 말인가. 전자에 대한 보

을 따로 떼어 측정하는 것이 쉽지 않다고 해도, 이 어려움 자체는 물체가 아무런 비중이 없다는 뜻은 아닌 것과 마찬가지다. 게다가 그 가치를 결정하는 방식은 천박한 경제학에서 보통 최대치와 최저치를 결정할 때 사용하는 방식처럼 난해해서 불가능해 보일 정도도 아니다. 물건매매에 있어서 그 이하로는 판매자가 도저히 팔수 없는 물건의 최저 하한가를 구매자가 정확히 아는 경우가 얼마나 되고, 반대로 그 이상

수는 고통이지만, 후자에 대한 보수는 활력이 아닌가. 전자의 상태에서 노동자는 보수를 받는 것만 목표로 삼지만, 후자의 상태에서는 생산품의 교환가치를 높이는 동시에 생산량도 증가시키지 않는가. [존 스튜어트 밀 : 인용문은 저서 ≪정치경제학원리≫ 제1권, 제2편 〈생산의 중개자로서의 노동〉과 〈생산의 필요조건에 대하여〉에서 인용 _역자주]
"우리에겐 프리츠가 있다. 그는 홀로 5만 명을 대적할 수 있다." 프리츠가 이룬 과업은 물질적 측면에서 실로 위대하기에 지당한 말이다. 그런데 주시할 점은, 이 과업이 그의 합리적인 사고의 결과라기보다는 그의 군대의 펄펄 끓는 가슴이 이룬 결과라는 것이다.[프리츠는 프로이센의 국왕 프리드리히 2세를 일컫는다. 강력한 군사력을 바탕으로 유럽의 정치ㆍ경제ㆍ문화의 근대화에 영향력을 미쳐 계몽전제군주의 아이콘이 되어 후대에 가서 대왕의 호칭을 받았다. _역자주] 존 스튜어트 밀이여, "인간의 정신적 사고가 갖는 중요성은 이루 다 말할 수 없다"하였는가? 그대의 말이 정녕 사실일지도 모른다. 아니 당신이 의미한 바 이상이어서, 언젠가는 인간의 정신적 사고 자체가 가장 전도유망한 권장 생산품이 되어 모든 물질적인 생산은 그보다 더 값비싼 이 비물질적 상품을 생산하기 위한 중간 과정의 하나에 지나지 않는다는 사실이 밝혀질 날이 올지도 모른다.

으로는 구매자가 도저히 사지 않을 물건의 최고 상한가를 판매자가 자신 있게 확신하는 경우가 또 얼마나 되겠는가.

정확한 물건의 가치를 매기는 것이 불가능함에도 불구하고 우리는 기어이 한계점 이상으로 혹은 이하로 상대를 몰아붙여 고통과 피해를 입히고, 정확한 최고가와 최저가를 알지 못함에도 최저가에 사서 최고가에 파는 것을 합리적인 매매 원칙이라 가르친다.

경제적 정의를 추구하는 사람 역시 마찬가지로 나름대로의 합리적 원칙을 따라서 물건매매를 할 것인데, 그의 원칙은 물가의 최고ㆍ최저 한계치를 정확히 알지 못한다 해도 그에 최대한 근접한 선에서 합당한 가격을 지불하는 것이다. 이유인즉, 구매자와 판매자 모두 수긍할 수 있는 적당한 가격이 존재하기 마련이기 때문이다. 노동에 대한 합리적인 금전보수가 얼마인가를 결정하는 것이 노동자의 필요를 채우기 위한 금전보수가 얼마가 되어야 하는가를 결정하는 것보다 수월하다. 필요는 사람의 체감정도에 따라 상대적이지만, 합리적인 보수는 객관적으로 분석하고 조사할 수 있기 때문이다. 비유하자면, 체감정도에 따라 필요한 보수를 정하는 것은 마치 산수가 서투른 학생이 보기 답안에서 이 숫자 저 숫자들을 하나하나 공식에 대입해가며 정답을 찾는 모양새이고, 합리적으로 보수를 정하는 것은 계산 공식에 따라 정답을 얻는 것과 같은 모양새다.

그러면 이제부터 특정 노동에 합당한 임금이 정해졌다고 일단 가정하고, 구매자 혹은 고용주에게 유리한 상황에서 이 금액을 기준으로 정당한 보수와 부당한 보수가 어떤 결과를 낳는지 알아보도록 하자. 한 사람을 채용하는데 '갑'과 '을' 두 사람이 이제 방금 지원한 초기 상황이라고 하자.

악덕 고용주는 두 지원자가 서로 경쟁하게 만들고, 가장 낮은 노동임금을 제시한 사람에게 일자리를 준다. 그리고 합리적으로 정해진 기준 금액에서 절반만 보수로 주는 조건으로 노동자 '갑'이 고용되었다고 하자.

이 부당한 고용과정의 첫 번째 결과로서, '갑'은 고용되고 '을'은 고용되지 못했다. 두 사람 가운데 한 사람은 고용되지 못하고 굶주림에 처하게 된 첫 번째 결과는, 수면 위로 드러난 '빙산의 일각'이다. 만약 이 고용주가 정당한 고용절차를 통해 둘 중에서 자질이 더 뛰어난 '갑'을 고용하여 그 일에 정당한 임금을 주었다고 해도, '을'에게 일어난 결과는 똑같을 것이다. 내가 제1편 논문에서 역설한 주장에 대해 약점을 찾아 반박하고자 혈안이 된 여러 논설가들은 악덕 고용주는 처음부터 두 사람을 '모두' 고용할 거라는 자신들의 추정에 근거해서 내 주장을 잘못 이해하였다. 그와 달리 나는 악덕 고용주 역시 공정한 고용주와 다를 바 없이 두 사람을 모두 고용하지 않았다는 전제에서 출발하였다. 단, 한 가지 근본적인 차이점은 채용된 '갑'이 제공하는 노동에 대해 공정한 고용주는 충분한 보수를 주는 반면, 악덕 고용주는 불충분한 보수를 준다는 것뿐이다.

수면 아래 드러나지 않은 근본적인 차이에 비하면 수면 위로 드러난 차이는 빙산의 일각에 지나지 않는다. 부당한 고용절차를 거쳐 정당한 보수의 절반이 노동자의 손에서 빠져나와 고용주의 수중으로 들어가게 되었다. 이 잉여자금으로 고용주는 다른 일자리에 '정'보다 낮은 보수를 제시한 노동자 '병'을 정당한 보수의 반값에 고용할 수 있는 여력을 갖게 된다. 그 최종 결과로서 고용주는 두 노동자 '갑'과 '병'에게 각각 정해진 임금의 반값에 일을 시키고 임금경쟁에서 밀린

두 사람 '을'과 '정'은 실직하게 된다.

이번에는 반대로 공정한 고용절차의 결과를 살펴보면, 맨 처음 노동에 대한 보수가 고스란히 그 일을 한 노동자 '갑'의 손에 쥐어지게 되었다. 잉여자금이 고용주의 수중에 들어오지 않음으로 고용주는 다른 노동자를 또 다른 일자리에 추가로 고용할 수 없게 된다. 고용주의 지배력이 감소한 만큼 고용 노동자 '갑'의 지배력은 증가하게 된다. 즉, 악덕 고용주 밑에서 일했으면 받지 못했을 나머지 절반의 임금으로 노동자 '갑'은 자신의 필요를 채우기 위해 다른 사람을 고용할 수 있는 구매력을 얻은 셈이다. 그런데 이 시점 이후에 발생할 수 있는 고용과 관련된 여러 상황 중에서 가장 피하고 싶은 상황을 택하여 가정해보자. 정당한 절차를 통해 고용되어 대우받고 있는 '갑'은 부당한 절차를 통해 '정'보다 낮은 보수를 제시한 '병'을 고용해 정당한 보수의 절반만 지급한다.

이 상황을 정리해 보면, '갑'은 자신의 고용주로부터 받을 마땅한 보수를 고스란히 받으면서, 정작 자신은 고용한 노동자 '병'에게 마땅한 보수의 절반만 지급한다. 그 결과 전 단락에서 부당한 고용절차를 통해 발생한 결과와 똑같이 이 경우에도 두 명의 실업자 '을'과 '정'이 생겨나게 된다. 이 두 명은 먼저 경우와 이번 경우에서 일자리를 얻지 못한다. 요점은, 정당한 고용절차와 부당한 고용절차 사이에 놓인 차이는 고용된 노동자의 숫자가 아니라 그들에게 지급된 노동임금의 액수이고, 또 다른 차이는 바로 임금을 지불하는 고용주들의 사람 됨됨이다. 두 상반되는 절차로 인해 발생한 각각의 결과 사이에 가로놓인 근본적인 차이는 이것으로, 독자들이 주의 깊게 인식할 필요가 있다. 부당한 절차를 취한 경우, 두 명의 노동자가 최초의 고용주 한 사람을 위해 일하게 된다. 반면에 정당한 절차를 거친 경우, 최초의 고용주 한 사람을 위해 한 명의 노동자가 일하게 되고, 그 노동자는 다시 누군가에게 고용주가 된다. 정당한 절차의 결과로 다양한 고용의 전이轉移가 아래위로 계속해서 발생하게 되는데, 이 전이는 정의에 의해 그 흐름이 촉진되기도 하고, 불의에 의해 가로막히기도 한다. 따라서 정의가 부에 대하여 쉬지 않고 성실히 이행하는 노동의 결과는 이로써, 소수에게 부가 편중되어 대중을 지배하는 것을 막고 다양한 고용관계를 창출하여 다수에게 부를 분배하는 것이다.

두 상반되는 고용절차의 결과로서 부가 발휘하는 지배력의 총합은 결국 똑같다. 다만 부당한 절차는 부가 지닌 지배력의 전부를 한 사람의 손에 쥐어주고, 고용 노동자들을 동일한 힘으로 붙들어 고용주를 중심으로 동심원을 그리도록 만든다. 반면에 정당한 절차는 고용주 한 사람이 이 지배력을 전부 소유하는 대신에 그 힘이 그에게 고용된 노동자를 통해서만 다른 사람에게 전달되게 만들어서, 그 과정에서 지배력이 감소하기도 하고 혹은 사람들의 필요에 따라 그 모습이 바뀌면서 끝내 힘이 다 소진되어 없어질 때까지 계속해서 사람들을 통해 전이되어 흐르게 만든다.

이런 점에서 부에 대하여 직접적으로 행사하는 정의의 역할을 결론내리면, 첫째로 정의는 부가 소수에게 편중될 때 발생하는 호화사치를 방지하고, 둘째로 인간의 도덕성에 미치는 부의 영향력을 절감시키는 것이다. 정의는 고용주 한 사람이 자신의 이익과 만족을 위해 대량의 노동을 독점할 수 없게 만들고, 자신의 의도에 다수의 자유의지를 복종시킬 수 없게 만들기 때문이다. 정의가 행하는 간접적인 역할도 이에 못지않게 중요하다. 고용주 한 사람을 위해 다수의 노동자가 불충분한 보수를 받으며 일한다면 그들에게 사회적, 경제적 지위 상승은 매우 요원한 일이 되고 만다. 따라서 부당한 제도는 사회의 진보를 가로막는 법이다. 반면에 마땅한 혹은 정당한 보수는 각기 다양한 사회적 지위와 직분을 따라 분배되면서[20] 고용 노동자들로 하여금 원한다면 자신의 사회적 지위를 스스로 높일 수 있도록 충분하고 공정한 기회와 수단을 제공한다. 그러므로 정의는 소수의 상류층을 통해 행사하는 전제적인 부의 지배력을 감소시키는 동시에, 가난이 하류층을 억압하는 가장 악덕한 수단인 무력감을 물리쳐준다.

결국 정당한 보수가 지급되는 것에 노동자 전체의 운명이 궁극적으로 걸려있다 하겠다. 때로는 여러 사소한 이해관계들이 이 논지와 충돌되는 것처럼 보일지라도, 사실은 이 나

---

20 이 논문 제1편에서 직종에 따라 일정 임금을 지급하자는 주장을 뒷받침하기 위해 몇 개의 실례를 들었는데, 혹자들은 이 주장을 묵살하기 위해 실례로 든 노동의 질을 그 종류나, 직위 그리고 수량과 구분하지 않고 동일하게 사용하는 오류를 범하였다. 나는 결단코 대령이 일개 병사와 같은 급여를 받아야 하고, 주교가 교구목사와 같은 사례를 받아야 한다고 말하지 않았다. 게다가 더 많은 일을 한 사람이 적게 받아야 한다고 (2천 명 규모의 교구 목사가 5백 명 규모의 교구 목사와 같은 보수를 받아야 한다고) 주장한 적도 없다. 내가 말하고자 한 바는 다만, 이미 고용된 이상 비록 서투른 노동자일지라도 결코 유능한 노동자보다 적게 받아서는 안 된다는 것이었다. 마치 실수

무에서 나오는 곁가지일 뿐이다. 한 사례로, 자신의 노동임금에서 35~40%에 달하는 막대한 부분이 명목상 세금으로 떨어져 나가 실제 수중에 들어오는 임금이 얼마 안될 때 하층 노동자들의 마음에 불만어린 동요가 일어나는 것이 보이지 않는가. 이 세금율은 너무 가혹하지만 실제로 세금은 노동자

가 많은 성직자도 정해진 사례비를 받고, 미숙한 의사도 정해진 진찰료를 받고, 실력이 떨어지는 변호사도 정해진 수임료를 받는 것과 마찬가지다. 내가 한 번 더 주장하는 이유 가운데 하나는, 지금까지 인간이 이루어 온 최고의 업적 치고는 금전적인 보수를 위해서 이루어진 것은 하나도 없었고 또한 앞으로도 결코 없을 것이기 때문이다. 하지만 그보다 더 궁극적인 이유는, 서투른 노동자나 유능한 노동자나 모두 동일한 보수를 지급해야 한다는 철칙을 세운 다음부터 사람들은 누가 서투른지 아니면 유능한지 구별해서 스스로 알아서 서투른 노동자는 고용하지 않으려 할 것이기 때문이다. 《스코츠민, Scotsman》일간지에서 근무하는 논설가는 스미스 & 엘더 출판사가 삼류작가에게도 일류작가와 동일한 보수를 지급하기를 바라냐고 내게 물었다. [Smith, Elder and Co.: 19세기 영국에서 가장 유력했던 출판사 중의 하나로 이 책을 첫 출간한 출판사이다. 러스킨의 네 편의 논문이 처음 게재되었던 《콘힐 매거진》 역시 이 출판사의 창립자 중 한 사람이었던 죠지 스미스 (George Smith, 1789 ~ 1846)가 발행하였다. _역자주] 만약 그 출판사가 삼류작가를 이미 고용한 상태라면 그렇게 해야 한다고 생각한다. 그러나 출판사를 위해서 뿐 아니라 그 작가 본인을 위해서라도 그런 작가는 애초에 고용하지 않기를 적극적으로 권한다. 현재 국가가 삼류 저질 잡지에 쏟고 있는 막대한 자금은 결과론적으로 말해서 결코 실리적이라고 볼 수 없다. 이 질문을 제기한 그 재치 넘치는 논설가도 국가의 낭비에 힘입어 이런 글을 출판하기보다는 다른 일에 고용되었더라면 국가와 자신을 위해 더 유익했을 것 같다.

가 아닌 고용주가 내는 것이다. 이 말은 노동자가 세금을 내지 않는다 해도 어차피 임금은 세금 액수를 뺀 만큼 적게 지급될 것이라는 뜻이다. 어쩌면 자신이 세금을 내겠으니 고용만 해달라고 외치는 노동자들과 경쟁하느라 오히려 최소 생계를 유지할 만큼의 임금밖에 못 받게 될지도 모른다. 이와 비슷한 사례로, 하층민들은 빵 값이 싸면 생활형편이 더 나아질 거라는 생각으로 곡물법 철폐운동을 벌였다.[21] 그런데 빵 값이 지속적으로 하락하는 만큼 노동임금도 그에 정확히 비례해서 하락하는 상관관계는 인식하지 못했던 것이다. 곡물법이 철폐된 것은 결과적으로 잘된 일이라 볼 수 있지만, 그 이유가 이 법 자체가 그동안 사회 빈곤층에게 직접적인 불이익을 주었기 때문이라기보다는, 그들의 노동력을 생산성이 없이 헛소비 되도록 만듦으로 간접적인 불이익을 가

---

21 스코틀랜드의 페이즐리 지역에서 '자유무역'에 대한 내용으로 편지를 보내주신 분께 감사를 표하는 바이다.('건승을 바라는 사람'이라는 익명으로 짧은 편지를 보내주신 분께는 더 특별한 감사를 표한다) 그런데 내가 이전부터 줄곧 낯짝 두껍고 파렴치한 자유무역주의의 신봉자라는 소리를 그 스코틀랜드 사람이 듣고, 혹 놀라서 이내 심기가 불편해질까 걱정된다. 7년 전 앞뒤가 꽉 막힌 유럽인들의 사고방식을 고발하는 여러 증거들을 나열하면서 이렇게 말한 적이 있다. "영국의회가 자유무역 정책을 통상거래의 기본 원리

져다주었기 때문이다. 불필요하게 무거운 과세 역시 자본의 축적을 불가능하게 만듦으로 사회 빈곤층을 억압하지만, 다른 무엇보다도 그들의 사회, 경제적 운명을 좌우하는 열쇠는 단연코 정당한 임금의 지급이다. 사회 빈곤층들이 겪는 고통은 경쟁과 억압이 충돌하여 만들어내는 대규모의 반작용에 의해 발생한다. 아직까지 범세계적 차원에서 인구과잉 현상은 발생하지 않았고, 또 앞으로도 얼마 동안은 발생하지 않을 것이다. 그러나 지역적으로 발생하는 인구과잉, 더 정확

로 채택하여 승인한 것이 벌써 몇 달 전이었다. 그러나 여전히 유럽인들은 무지하여 이 원리를 제대로 이해하지 못한 바 어느 유럽 국가도 세관청을 폐쇄하지 않고 있다."(《베네치아의 돌》제3권, 168쪽에서 인용)

밝혀지겠지만, 상호주의相互主義(무역상대국의 시장개방 정도에 따라서 자국의 시장개방 정도를 결정하는 입장)까지 옹호하고 나서는 것이 아니다. 원하지 않는 국가는 항구를 개방하지 않아도 무방하다. 계몽된 국가라면 스스로 항구를 열어젖히게 될 것이기 때문이다. 위험한 것은 개방 자체가 아니라, 성급하고 분별없이 저질러놓고 보는 개방 방식인 것이다. 여러 해 동안 공장을 주식시장에 상장하지 않고 보호해왔다면, 갑작스레 그 보호막을 벗겨 버려 노동자들을 하루아침에 정리해고 시켜서는 안 된다. 이는 마치 춥다고 연약한 젖먹이에게 옷을 잔뜩 껴입히는 것도 영아의 건강에 도움이 안 되지만, 그렇다고 해서 엄동설한에 홀딱 발가벗겨 내놓아도 안 되는 것과 마찬가지다. 한 겹, 한 겹 차례로 벗겨가며, 조금씩 조금씩 '자유'라는 외부 공기에 노출시켜야 한다.

히 말하자면 예측력과 조절 시스템의 부재로 특정 지역에서 무분별하게 발생하는 인구과잉은 다름 아닌 경쟁으로 인해 발생하는 압력 때문에 일어나는 현상이다. 노동자들 사이의 경쟁을 이용해 부당한 헐값에 노동자를 고용할 때, 노동자뿐 아니라 고용주 자신의 고통 역시 순식간에 최고점에 달하게 된다는 것을 알아야 한다. 이 정점에서 모든 형태의 노예제도들도 마찬가지이듯 억압자가 겪는 고통의 결말이 억압당하는 자의 그것에 비해 얼마나 더 심한지, 알렉산더 포프의

자유무역을 채택하면 더 치열한 경쟁이 유발될 것이라는 헛소문이 사람들의 마음을 심란하게 만들고 있다. 사실은 그와 정반대로, 자유무역은 모든 경쟁을 종식시킨다. '보호무역'은 다른 나라들에 비해 경쟁력이 떨어지는 물품까지 생산하여 다른 나라와 경쟁하도록 만든다. 그러나 자유무역이 이루어질 경우 어떤 물품에 대해 천혜의 생산 조건을 갖춘 나라는 다른 나라의 경쟁을 허용하지 않을 것이고, 그 상품에 대해 천혜의 생산 조건을 갖추지 못한 나라는 다른 나라와 대등한 경쟁을 할 수 없게 될 것이다. 예를 들어, 철강생산에 있어 토스카나 공국은 영국의 경쟁상대가 될 수 없고, 반면 올리브기름의 생산에 있어 영국은 토스카나 공국의 경쟁상대가 되지 못한다. 대신 두 나라는 철강과 올리브기름을 맞교환하되, 정직과 해풍海風이 허락하는 한도 안에서 공정하고 자유롭게 무역하면 된다. 물론 두 나라가 모두 제조할 여건을 갖추고 있는 물품의 생산에 대해서는 어느 나라가 더 우월한지 확인하기 위해 처음 얼마 동안은 치열한 경쟁이 펼쳐질 것이나, 일단 확인이 되고 나면 경쟁은 종식될 것이다.

저 장엄한 시문[22]이 그 필력筆力을 다 발하였을 때조차도 그 진상을 다 표현하기에 부족할 정도이다.

이 가련한 돈의 노예들에 대하여 한마디 하자면,
그저 제 이웃을 제 몸처럼 미워할 뿐이구나.
저주받은 광산은 공평한 운명을 베푸나니,
광산을 파는 노예에게나, 광산을 덮는 노예에게나.

경쟁과 억압의 반작용에 대응하는 정의의 역반작용에 대해서는 '가치'의 본질이 먼저 정의되어야 하기 때문에 나중에 검토해보도록 하자. 그런 뒤에 어떤 구체적인 정치·사회적 조건에서 보다 정당한 임금제도가 자리 잡을 수 있을지를 고찰하고 나면 마지막으로 가장 큰 골칫덩어리인 일자리가 없는 노동자들에 대한 대책을 다룰 수 있을 것이다.[23] 행여 독자들 가운데 여기서 다루고 있는 쟁점들이 부의 지배력

---

22 알렉산더 포프의 《도덕론》 제3서한 〈부의 사용에 대하여〉 중에서 107~110행 인용. "광산을 덮는 노예"는 노동자들을 착취해서 얻은 부를 자신의 금고에 꼭꼭 숨겨두는 악덕 고용주를 은유한다. _역자주

자체에 저항하는 성향을 보인다는 점에서 혹시라도 사회주의 노선을 타는 것이 아니냐는 우려에 사로잡히는 사람이 있을까 우려된다. 이를 미연에 방지하기 위해 사회주의에 대한 나의 두세 가지 주요한 견지를 밝히고자 한다.

---

23 이를 위한 준비단계로 독자 여러분이 분명히 정립했으면 하는 것이 한 가지 있는데, 일자리를 얻는 것이 어려운지 아니면 일에 대한 보수를 받기가 어려운지에 대한 스스로의 대답이다. 당신은 직업 자체를 그 희소성 때문에 얻어 누리기 힘든 사치품 중의 하나라고 생각하는가? 아니면, 더할 나위 없이 만족스런 삶을 누리고 있으면서도 계속해서 유지해야 하고, 그렇다고 원할 때마다 항상 유지할 수 없는 생계수단으로 생각하는가? 사람들은 취업난에 대해 대개 입버릇처럼 쉽게 말하기 때문에 논의를 더 진행하기 전에, 우선 이 점을 분명히 하지 않으면 안 되겠다. 당신이 구하는 것은 일자리 자체인가, 아니면 일자리를 통해 보장받는 생계인가? 당신이 노동을 통해 끝내고자 하는 것은 게으름인가, 아니면 배고픔인가? 한 쌍을 이루는 두 질문에 대해 차례로 대답해야 한다. 재고의 여지없이 일자리는 일종의 사치품이고, 그 중에서도 매우 값비싼 사치품이다. 그 누구도 일자리 없이는 건강한 몸과 정신을 유지할 수 없기 때문에, 실은 사치품인 동시에 또한 필수품이기도 하다. 나중에 결국 깨닫게 되겠지만 정치가들에게 간절히 권고하고 싶은 것은, 부호들을 상대로 현재 소유하고 있는 '일자리'라는 사치품을 앞으로 보다 많이 소유하도록 설득하는 것을 주요 목표 가운데 하나로 삼았으면 싶다는 것이다. 그런데 경험에 비추어보면, 인간이란 건전한 삶이 주는 쾌락도 정도를 넘어 탐닉할 수 있고, 고기를 과식하기 쉬운 것처럼 노동에 대해서도 과욕을 부리기 쉬운 존재들이다. 그래서 어떤 노동자들은 적은 음식 제공에 많은 근무시간을 선호하지만, 한편 어떤 이들은 많은 음식 제공에 적은 근무시간을 선호하기도 한다.

내가 주장하는 대로 사회주의가 원칙대로 보수가 지급되는 군대에서 그 뿌리를 잘 내렸는지, 아니면 나의 반대론자들이 주장하는 원칙대로 보수가 지급되는 공장 직공들 사이에서 그 뿌리를 잘 내렸는지를 확인하고 발표하는 일은 나의 반대론자들에게 맡기겠다. 그들이 어떤 결론을 내리든 나는 나의 소신에 따라 다음과 같이 답한다.

지금까지 논문 전체를 통해 다른 어느 것보다도 자주 역설해 온 주장이 하나 있다면, 바로 '절대적 평등은 불가능하다'는 것이었다. 어느 사회든지 지배계층과 피지배계층이 있기 마련이고, 어떤 경우에는 한 사람의 지배자와 다수의 피지배자가 존재한다는 것을 계속해서 암시해왔다. 여기에서 더 나아가, 지배계층에게 권위를 부여하여 보다 뛰어난 두뇌와 사리분별을 통해 피지배계층을 이끌며, 때로 필요하다면 강제력마저 동원하는 것이 사회적으로 유익하다고 침이 마르도록 주장했다. 내가 옳다고 믿는 경제학에 대한 신념은 3년 전 맨체스터에서 연설한 발표문 가운데 한 어구 안에 모두 담겨 있다.

"칼을 든 병사뿐만 아니라 호미를 든 병사도 필요하다."

또한 《근대화가론》 마지막 권에 적은 한 구절 속에 요체화되어 있다.

"통치와 협력은 만유의 생명의 법칙이고, 무정부 상태와 경쟁은 만유의 죽음의 법칙이다."

이 신념들은 사유재산권을 무효화시키자는 사회주의 사상과는 거리가 멀어도 한참 멀고, 논문 전체를 통해 도리어 사유재산권을 확대하자는 나의 취지가 드러날 것이라 믿는다. 그리고 소망하는 것이 있다면 가난한 자들이 부자들의 재산을 침해할 권리가 없음이 오래 전부터 공론화되어 왔듯이, 부자들 역시 가난한 자들의 재산을 침해할 권리가 없음도 공론화되는 것이다.

이러한 신념에 기초하여 세워진 노동제도의 실행이 비록 '쾌락 백작부인'인 부와 '노동백작'인 자본이 보이지 않는 곳에 저당 잡아둔 지배력까지는 아니어도 사회 전면에 행사하는 직접적인 지배력은 여러모로 절감시킬 것이라는 주장을 부정하지 않는다. 아니, 도리어 흔쾌히 긍정한다. 왜냐하면 인간의 이성이 저항하기에 부가 발산하는 매력은 이미 어찌할 수 없이 지나치게 고혹적이고, 그 권세는 이미 어찌할 수 없이 지나치게 막강하기 때문이다.

논문 제1편에서 경제학의 통념들을 하나의 학문으로 수용한 것만큼 인류 지성의 역사에 수치스런 사건은 없다고 하였다. 여러 근거를 바탕으로 그렇게 주장하였지만 그 중 중요한 근거를 말 몇 마디를 빌려 논하도록 하겠다.

역사상 한 국가가 공인한 신앙의 근본원리를 국민들이 조직적으로 어기도록 제도화한 사례를 찾아볼 수 없다. 우리가 말로는 신이 내려주신 신성한 것으로 받드는 책은, 돈을 사랑하는 것은 일만 악의 뿌리요 신이 혐오하는 우상숭배라고 비난하고 있을 뿐 아니라, 재물을 섬기는 것과 신을 섬기는 것은 서로 반하여 함께 섞일 수 없다고 외치고 있다. 그리고 절대적인 부와 절대적인 빈곤에 대해 말하는 경우에는, 열이면 열 부자에게는 화가 있을 것이고 가난한 자에게는 복이 있을 것이라 선포하고 있다.

따라서 이제부터 국가를 번영으로 이끄는 가장 빠른 지름길로써 참된 부자가 되는 학문에 대해 알아보고자 한다.

"이교도들이 기독교인들을 벌하매 두 친구는 나뉘어져

하나는 영원히 부유하고, 다른 하나는 가난해지리라. "**24**

---

24 단테의《신곡》〈천국편〉제19곡 중에서 108 ~ 110행 인용. '이교도'로 번역한 라틴어 단어는 문자 상으로는 '에티오피아 사람'이나, 문맥상 그리고 의미상으로 '이교도'라는 뜻을 담고 있다. _역자주

제 4 편

가치에 따라서

ad valorem

Unto This Last

일을 바르게 처리하는 방법은 한 가지
뿐이지만 일을 바르게 보는 것도 한 가지 방법뿐이다.
곧 일 전체를 보는 것이다.
– 존 러스킨

전편에서 정당한 노동보수는 거의 동등한 양과 질의 노동을 장래에 살 수 있는 금액임을 알아보았다. 그렇다면 이번 논문에서는 동등한 노동의 양과 질을 산출하는 방법에 대해 검토해볼 차례이다. 이를 위해서는 먼저 가치와 부와 가격 그리고 생산물에 대한 정의를 내릴 필요가 있다.

이 용어들은 아직까지 대중들이 명쾌한 이해를 갖지 못할 정도로 그 정의가 확고하게 내려지지 않았다. '생산물'이라는 용어는 그나마 다른 용어들에 비해 비교적 이해하기 쉬운

듯 보이지만 실제로는 가장 모호하게 사용되고 있다. 따라서 이 용어가 어떻게 모호하게 사용되고 있는지 살펴보는 것을 이 여정의 첫걸음으로 삼으려한다.

존 스튜어트 밀의 저서《자본론》을 보면 한 철제업자가 등장하는데, 그는 사업 수익의 일부로 은그릇과 보석을 사 두려고 했으나, 언젠가부터 마음을 바꾸어 그 수익을 "증원된 노동자들의 임금으로 지급한다"[1] 고 결정했다. 이 결정으로 파생된 변화는 "전보다 노동자들의 식량 소비량이 더욱 증가하게 되었다"고 밀은 기술하고 있다.

만약 이 단락을 내가 썼다면 "그럼 은세공업자의 처지는 어떻게 되는 겁니까?"라는 질문에 대해 분명히 기술했겠지만, 그들이 정말 불필요한 기술자들이라면 그들의 소멸에 대해서 우리는 다루지 않을 것이므로, 지금 이 질문을 그에게 던지지는 않겠다.

같은 단락의 다른 대목에서 이 철제업자는 자신의 하인을

---

[1] 제1권, 4장 1절에서 인용. 지면을 절약하기 위해 앞으로 존 스튜어트 밀의 저서를 인용할 때는 저자와 저서의 이름은 생략하고 다음과 같이 제 몇 권, 몇 장, 몇 절만 적도록 하겠다. 인용문은 1848년 파커 출판사의 출판물에서 인용.

줄여 "그들이 소비하던 음식을 절약하는 대신 증원된 노동자들을 위해 사용하였다"고 하였는데, 그렇다면 이렇게 자기 몫의 식량이 절감된 하인들이 어떤 영향을 받을지, 또 고통을 겪을지, 안 겪을지에 대해서도 밀에게 묻지 않겠다. 다만 내가 진지하게 묻고 싶은 것은 왜 철기구는 생산물로 취급하고 은기구는 그렇지 않느냐는 것이다. 만약 생활용품이 판매를 위해 만들어지는 것이지 구매를 위해 만들어지는 것이 아니라는 것을 입증하지 못한다면, 이 업자가 철기구는 판매용으로 은기구는 구매용으로 구분하는 것은 무의미하다.(그런데 근래 들어 상인들은 이 구분이 정당함을 입증하려고 나날이 더 애쓰는 듯싶다) 이 업자는 한 '생산물'을 소비자에게 공급하는 생산자인 동시에 다른 '생산물'을 구매하는 소비자이다.[2] 그리고 철기구나 은기구나, 두 가지 모두 '생산물'이

---

2 밀이 소비와 판매 사이의 결과적 차이를 보여주고 싶었다면 애초에 철제업자 역시 철제품의 판매자가 아닌 소비자로 설정하고, 은세공업자 역시 은세공품의 판매자가 아닌 소비자로 설정했어야 한다. 그랬다면 그 논지가 다소 공격받을 여지를 남기는 대신 한결 더 분명해졌을 것이다. 밀이 그렇게 하지 않았던 이유는 그가 다른 곳에서 주장한 이론이자 이 논문의 결론에서 그 오류를 밝힐 이론, 즉 상품에 대한 수요와 노동에 대한 수요를 별개로 분리하는 이론을 은연중에 성립시키기 위해서 그렇게 한 것이 아니었을까 생각된다. 하지만 이 철제업자에 대해 기술한 단락을 아무리 철저히 조사해

라는 동일한 가치를 갖는다면 노동자들이 둘 중 무엇을 만들 던 그들의 노동은 생산적이라 할 수 있을 것이다.

만약 철기구와 은기구를 각각 판매용과 구매용으로 따로 구분한다면, 이 둘을 구분하는 기준은 과연 무엇인가? 밀이 경제학과는 아무 관련이 없다고 밝혔던 《도덕적 비교 평가》 제3권, 1장 2절에 따르면 철제 포크가 은포크보다 일상생활 에 보다 유용한 생산물로 구분될 수 있다. 나이프도 포크 못 지않게 유용한 생산물이고, 낫과 호미 역시 그렇다는 것도 수긍할 수 있다. 그렇다면 총검은 어떠한가? 가령 철제업자 가 자기 하인과 은세공업자의 식량을 '절약'한 덕분에 총검 을 대량으로 생산하게 되었다고 가정하자. 이 업자는 여전히 생산적인 노동자, 밀의 표현을 빌자면 "쌓아 놓고 두고두고 즐길 향락의 수단"을 소유하고 있는 것일까? 만약 총검 대신 한 발당 가격이 10파운드에 해당[3]하는 폭탄을 제조, 공급한

보아도, 그것이 이 단락 자체에서 발견되는 단순한 오류인지 아니면 그의 이 론이 갖는 근본적인 오류에서 파생된 부수적인 오류인지 판단하기는 어렵 다. 따라서 지금은 단순한 오류라 여기고 호의적으로 넘어가도록 하겠다.

3 이 가격은 아서 헬프스(Arthur Helps, 1813 ~ 1875)의 논문 〈전쟁론〉에서 참고하였다.

다고 가정하면, 이 어마어마하게 수익성이 높은 생산물도 다른 생산물과 비교불가한 '향락'의 지존이 되려면 제조 시기와 장소에 대한 적절한 선택이 필요하지 않을까?[4] 바꿔 말하자면, 경제학과는 아무런 관련이 없다는 철학적 고찰에 근거한 '선택'이 필요하지 않을까?

이와 같은 모순이야말로 밀의 《자본론》이 파생시키는 모든 가치들의 뿌리이기에, 그 모순을 조목조목 지적하지 않는 것을 굳이 유감으로 생각지 않는다. 그가 여러 경제학자들 사이에서 높은 명망을 얻은 이유 역시 이 모순 때문으로, 그 자신이 주장한 원칙을 무심결에 부정하고 자신의 경제학과는 아무 연계성이 없다고 공언한 도덕적 요소들을 암묵적으로 연계시키고 있기 때문이다. 이런 면에서 그의 저서 여러 곳에 새겨들어야 할 진리가 있음에도, 그 모순된 전제에 충

---

4 영국의 세관원들이 은가루는 면세로 수입해도 되지만 예술품은 수입 금지라며 은으로 만든 스페인제 꽃병을 도끼로 내리쳐 산산조각 냈다면, 그 도끼는 생산적이고 화병을 만든 장인은 비생산적인가? 나무꾼의 도끼가 생산적이라면 사형수의 도끼는 어떠한가? 밧줄의 재료로 쓰인 삼이 생산적이라면, 교수대 밧줄의 재료로 쓰인 삼의 생산성은 물질적 작용보다는 정신적 작용에 더 가깝지 않을까?

실하여 도출한 결론인 만큼 반박할 수밖에 없는 노릇이다.

　따라서 우리가 방금 살펴본 구절의 뿌리가 되는 '모순'의 주변을 둘러싼 생각, 즉 사치품 생산에 투입된 노동은 생활용품을 생산하는데 투입된 노동에 비해 대중의 생활에 미치는 유용성이 떨어진다는 생각은 전적으로 옳다. 다만 이를 뒷받침하기 위해 그가 제시한 사례는 어느 각도로 보아도 부적절하다. 왜냐하면 밀에게 있어 '유용성'의 뜻은 "욕망을 충족시켜 주는 능력, 혹은 목적을 달성하는데 필요한 능력"으로 잘못 정의되었기 때문이다.(제3권, 1장 2절) 이 정의는 어떤 철기제품이나 어떤 은제품에도 동일하게 적용된다. 반면 참된 정의, 즉 그의 마음 한 구석에서 그가 공언한 정의를 구성하는 단어들 밑에 잠복해 있다가(예를 들어 제1권, 1장 5절에서처럼, "생명력을 지탱해 주는 어떤 것…"하며) 가끔 한두 번씩 불쑥불쑥 튀어나오곤 하는 유용성에 대한 참된 정의는 어떤 철기제품에는 적용되지만 다른 철기제품에는 적용되지 않고, 어떤 은제품에는 적용되지만 다른 은제품에는 적용되지 않는다. 예를 들어 쟁기에는 적용되지만 총검에는 적용되지 않고, 은포크에는 적용되지만 세선세공품[5]에는 적용되지 않는다.

'유용성'의 참된 뜻을 정립했으니 이제 '가치'부터 차례로 그 정의를 세우기에 앞서 일반적인 속설들이 가치에 대해 어떻게 정의하는지부터 귀를 기울여보자.

"앞에 특별한 수식어가 없는 한 '가치'라는 명사는 경제학에서 항상 교환가치를 의미한다."(제3권, 1장 2절) 이 정의를 배의 방향키에 적용해본다면, 만약 두 척의 배가 쌍방 간에 방향키를 맞교환할 필요가 없다면 이 방향키는 경제학적으로 '무가치'한 것이다.

그러나 "경제학의 주제는 부이고…"(서론, 1쪽)

부의 척도는 "교환가치를 지닌 모든 유용하고 소유욕을 일으키는 물품이다."(서론, 10쪽)

밀에 따르면 어떤 물품의 교환가치를 결정하는 것은 '유용성'과 '선호도'이고, 그 물품을 부의 척도로 삼으려면 반드시 이 두 조건을 충족시켜야 한다고 한다.

그렇다면 한 물품의 경제적 유용성은 그 물품이 지닌 고

---

5 세선세공품細線細工品 : 대개 예술성보다는 화려한 장식으로 이목을 끄는 장식품이다.

유의 기능 외에도 그 물품을 사용할 수 있고 원하는 사람들의 숫자에 의해서도 결정된다. 예를 들어 아무도 말을 어떻게 타는지 모른다면 말은 무용지물이 되고, 이는 곧 누구도 말을 거래하지 않는다는 뜻이다. 다른 예로 아무도 휘두를 수 없는 칼도 마찬가지고, 아무도 먹을 수 없는 고기도 다 마찬가지다. 모든 물품의 기능성은 결국 그것을 이용하고 누릴 수 있는 구매자의 역량에 의해 결정되는 셈이다.

유용성과 마찬가지로, 어떤 물품에 대한 '선호도' 또한 그 물품 자체에 대한 사람들의 취향뿐 아니라 그것을 이용하고 누릴 수 있는 사람의 숫자에 의해 결정된다. '싸구려 맥주 한 잔'과 '저 흐르는 개울물이 그린 미소년 아도니스의 얼굴' 가운데 어느 쪽을 사람들이 더 선호하고, 따라서 어느 쪽이 더 팔기에 적당한지는 크리스토퍼 슬라이[6]로 대변되는 대중의 취향에 따라 결정되는 것이다. 즉, 선호도란 구매자의 성향

---

6 셰익스피어의 희극 〈말괄량이 길들이기〉 서막에 나오는 주정뱅이로, 술집에서 그를 발견한 한 귀족이 이 주정뱅이를 놀림감으로 만들기 위해 그에게 자신의 옷을 입히고 그의 하인들에게 명하여 귀족처럼 대하도록 연극을 꾸민다. 심지어 흐르는 개울물이 그린 아도니스의 그림마저 즐길 수 있는 고귀한 신분임에도 그는 몸에 밴 오래된 버릇으로 싸구려 맥주 한 잔을 대령하라고 하인에게 명령한다. _역자주

에 의해 결정되는 것이다.**7** 따라서 부를 다루는 학문으로서 경제학은 인간의 역량과 성향에 대해 다루는 학문이기도 하다. 그러나 인간의 도덕성은 경제학과 무관하다고 하지 않았던가.(제3권, 1장 2절) 그렇다면 인간의 도덕성은 인간의 역량과 성향과는 전혀 무관하다는 결론에 도달한다.

밀의 주장으로부터 도달한 이 결론에 동의할 수 없다. 그렇다면 데이비드 리카도**8**의 학설을 검토해 보자.

---

7 이런 주장들이 표현의 간결함으로 인해 대충대충 말하는 것처럼 들리겠지만, 하나하나 뜯어 전개시켜 나가보면 버릴 것 하나 없는 요체라는 것을 알게 될 것이다. 위 사례에서 인간의 소비성향은 전적으로 필요에 대한 내적 가치의 선택과 결정에 달려있음을 경제학자들은 깨닫지 못했다. 즉, 어떤 사람에게 5실링을 주었을 때, 그 돈을 가지고 부유해지거나 아니면 가난해지거나, 그 돈으로 질병과 파산과 증오를 사들일지 건강과 번영과 행복한 가정을 사들일지는 전적으로 그 사람의 성향에 의해 선택, 결정된다. 따라서 진열대 위에 펼쳐진 각 상품의 선호도와 교환가치는 그 제품 고유의 생산성만이 아니라 소비자의 생산성에 의해서도 결정된다. 즉, 소비자 교육과 제품을 선택, 구매하는 소비자의 내적 가치에 달려있다는 이야기다. 다음 네 가지 개념의 정의를 순서대로 자세히 설명한 뒤에 최종 결론으로 귀결시킬 작정이지만, 여기서는 간략하게 언급했다. 독자들에게 각 개념들이 서로 어떻게 연결되어 있는지를 보여주기 위해 각 장마다 하나씩 제시되어야 할 정의를 한 장에 모두 몰아넣은 것이다. 네 가지 개념을 다시 언급하면 가치론(장제목 : 가치에 따라서), 가격론(장제목 : 은 삼십), 생산론(장제목 : 데메테르), 그리고 경제론(장제목 : 집안을 다스리는 법도)였다.[데메테르 : 그리스 신화에 나오는 곡물과 수확의 여신 _역자주]

리카도는 이렇게 주장하였다. "유용성은 교환가치에 필수적이기는 하지만 교환가치를 결정짓는 척도는 아니다."(1장 1단락) 그렇다면 어느 정도 필수적인지 그에게 되묻고 싶다. 유용성의 정도는 클 수도 적을 수도 있기 때문이다.

예를 들어, 누구나 먹고 싶어할 만한 양질의 고기가 있는 반면, 누구도 먹고 싶지 않은 저질의 고기도 있다. 교환가치에 '필수적'이나 그 가치의 '척도'는 될 수 없는 유용성이란 정확히 어느 정도를 말하는지…? 어떤 고기가 교환가치를 지니려면 어느 정도로 질이 좋아야 하는지, 또 아무 교환가치도 없으려면 어느 정도로 질이 나빠야 하는지…? (런던 시장에 가서 답을 들으면 좋으련만)

내 생각에는 리카도의 이론적 원칙을 실물경제에 적용하기에는 약간의 무리가 있는 듯하다. 하지만 그가 제시한 예시부터 먼저 살펴보자. "사회가 발생하는 초기 단계에서 사냥에 필요한 활과 화살 같은 도구가 어부의 그물과 동등한

---

8 David Ricardo (1772 ~ 1823) : 영국의 경제학자로, 고전학파의 창시자인 A. 스미스의 이론을 계승하여 완성시킨다. 《경제학 및 과세의 원리》 같은 저서를 통하여 생산에 투입된 노동량이 생산물의 가치의 척도가 된다는 '노동가치설'을 주장하였다. _역자주

가치를 지녔다고 하자. 이런 사회, 경제적 환경에서 사냥꾼의 하루치 노동의 산물인 사슴의 가치는 어부의 하루치 노동의 산물인 물고기의 가치와 '정확히' 같을 것이다. 즉, 어획물과 수렵물의 비교가치는 '전적으로' 각각의 결과물을 얻기 위해 투입된 노동량에 의해 결정된다."(리카도의《경제학 및 과세의 원리》, 제3장 가치론; 인용문 가운데 '정확히'와 '전적으로'라는 단어는 내가 첨부하였다.)

그렇기에, 어부가 하루의 노동으로 잡은 작은 청어 한 마리나 사냥꾼이 하루의 노동으로 잡은 커다란 사슴 한 마리나 결국 가치는 동일하다. 그런데 만약 어부가 하루 종일 청어 한 마리도 잡지 못하고 사냥꾼은 사슴 두 마리를 잡았다면, 청어 0마리의 가치와 사슴 두 마리의 가치는 같은 것일까?

같지 않다. 하지만 리카도의 지지자들은 전체 평균으로 보았을 때, 대략 같다고 반론할지 모르겠다. 즉, 만약 어부와 사냥꾼이 하루의 노동으로 얻은 평균 산물이 물고기 한 마리와 사슴 한 마리라면, 그 물고기 한 마리와 사슴 한 마리의 가치는 언제나 같다는 것이다.

혹시 잡은 물고기가 어떤 종류인지 물어보아도 되는지… .

고래? 아니면 멸치? **9**

이런 식으로 계속해서 꼬리에 꼬리를 물고 오류를 찾아내는 것은 시간 낭비일 뿐이니, 이제 보다 더 건설적으로 가치에 대한 참된 정의를 세워보자.

우리 영국은 수세기 동안 고전교육이 주는 혜택을 누려왔

---

9 리카도를 이런 식으로 옹호할 수도 있을지 모른다. 즉, "교환 물품의 유용성이 일정하게 주어졌다는 전제조건에서 가격은 노동량에 따라 달라진다"는 것이 그의 진의였다고. 그랬다면 애당초 그렇게 말했어야 했다. 그런데 그렇게 말했다면 다음 논리적 귀결로서 교환 물품의 유용성이 가격을 결정하는 한 척도가 된다는 결론을 피할 수 없었으리라.(그런데 그는 이 결론을 대놓고 부정하지 않았던가) 게다가 그의 진의가 그러했다면 물건이 교환할 만한 가치가 있다는 것을 증명하기 위해서 그 물건을 획득하는데 투입된 일정량의 노동뿐 아니라 물건이 지닌 일정량의 유용성도 입증했어야 한다. 그가 사용한 재미난 예를 들어 설명하면, 사슴과 물고기가 동일한 수의 사람을 동일한 기간 동안 동일한 만족감을 준다는 것을 입증했어야 한다는 말이다. 각설하고 리카도 자신도 자기가 한 말의 진의를 이해하지 못했다. 그저 상거래 현장에서 체득한 경험으로 수요가 일정할 때 생산에 투입된 노동량에 따라 가격이 변동되는 현상을 관찰했을 뿐 그 현상을 논리적으로 분석하지는 못한 것이다. 내가 전편 논문에서 제시한 상품의 교환가치를 도출하는 공식으로 설명하자면, 시장 수요도 [y] 값이 일정할 때 [x×y] 값은 노동 교환가치인 [x] 값에 의해서 달라진다. 그런데 [x]가 변하는 이상 [y]는 일정하지 않고 일정할 수도 없다. 가격이 상승하면 수요도는 하락하기 때문이다. 그리고 독점이 나타나자마자(품귀 현상은 독점의 한 형태이기에 모든 상품은 어떤 식으로든 독점의 대상이 될 가능성을 지니고 있다) [y]는 가격 변동에 가장 결정적인 변수가 되기 때문이다. 그렇기에 그림 한 점의 가격은 그 자체의 가치보다는 그림을 볼 줄 아는 대중의 심미안審美眼에 달려있다. 노래 한 곡의

다. 그 혜택의 자식들인 고상한 우리 영국의 상인들이 학창 시절 라틴어 수업에서 배운 것 중에서 다른 것은 모두 까먹었을지라도 이것만은 아직 기억하고 있기를 바라는 것이 있다. 모두들 '발로렘 *valorem*, 가치'이라는 단어를 잘 알고 있기에 이 단어의 주격 명사가 '발로르*valor*'라는 것 또한 당연히

가격은 노래를 부르는 가수가 흘린 땀보다는 그 노래를 듣고 싶어 하는 사람들의 머리 수에 달려있다. 황금의 가격은 세륨과 이리듐 못지않게 가지고 있는 희소성보다는 인간의 감탄을 끌어내고 인류의 기대에 부응하는 불변하는 순수성으로 태양광같이 뿜어내는 그 광채에 달려있다.

한 가지 명심해야 할 점은, 여기서 내가 사용하는 '수요'라는 용어는 경제학자들이 보통 사용하는 의미와는 조금 다른 의미로 사용되고 있다는 것이다. 경제학자들이 사용하는 수요는 '판매된 물건의 양'을 의미하는 반면, 내가 사용하는 수요는 '어떤 물건을 구입하고자 하는 사람이 지닌 실현가능한 구매욕'을 의미한다. 우리말을 잘 이해만 해도 누군가 무언가를 '요구'한다는 것은 그것을 얻고 싶다는 뜻이지 그것을 이미 얻었다는 뜻은 아니라는 것쯤은 알 수 있다.

또, 한 가지 경제학자들이 간과하는 것이 있다면, 어떤 물건의 가치는 절대적인 부피와 무게로 결정되는 것이 아니라 그 물건을 실제로 사용하는데 필요한 상대적인 부피와 무게로 결정된다는 사실이다. 예를 들어, 경제학자들은 물은 아무런 시장가격이 없다고 말한다. 물론 한 잔의 물에는 가격이 없다. 그러나 호수에는 일정 가격이 매겨지지 않는가. 한 줌의 흙에는 가격이 없다. 그러나 한 평의 땅에는 일정 가격이 매겨지지 않는가. 게다가 그 한 잔의 물이나 한 줌의 흙이라도 영구적으로 소유할 수 있다면(즉, 저장해서 모아둘 곳을 마련해 둔다면) 몇 잔의 물과 몇 줌의 흙으로 온 바다와 땅을 사 버릴 수도 있을 것이다.

알고 있을 것이다. 이 '발러'라는 단어는 '건강하다', 혹은 '강 건하다'는 뜻을 지닌 '발레레*valere*'라는 어근에서 파생되었 다. '발로르'라는 단어가 특별히 인간에게 적용될 때는 '생명 력이 강하다', 혹은 '용감하다'는 뜻으로 해석되고, 물건에 적 용될 때는 '생명을 강하게 지탱하다', 혹은 '가치 있다'는 뜻 으로 해석된다.

따라서 '가치 있다'는 말은 곧 '생명에 유용하다'는 뜻으로 이해된다. 진실로 가치 있고 유용한 것이란 바로 그 기능을 다해 인간을 생명으로 이끌어주는 것이란 뜻이다. 생명을 향 해 끌지 않는 힘의 크기에 비례해서, 혹은 생명으로 끄는 힘 이 손실된 정도에 비례해서 가치는 감소된다. 생명의 정반대 방향으로 이끄는 힘이 강할수록 물건은 무가치한 것, 곧 유 해한 것이 된다.

따라서 물건의 가치는 그것에 대한 사람의 평판이나 소유 한 수량과는 관계가 없다. 사람들이 그 물건에 대해 어떻게 생각하는지에 따라, 혹은 그 물건이 사람들의 수중에 얼마나 들어있는지에 따라 물건의 고유 가치가 늘거나 줄어들지 않 는다는 말이다. 만물의 조물주에게 부여받은 그 물건 고유의

156

힘은 인간이 중시한다고 증가하는 것도 아니고 경시한다고 감소하는 것도 아니다. 그것은 태초부터 영원까지 유익하거나 아니면 무익하도록 처음이자 마지막으로 결정되었다.

의학이 굿거리와 구별되어야 하고 천문학이 점성술과 구별되어야 하듯이, 참된 경제학 역시 사술詐術 같은 학문과는 구별되어, 국민으로 하여금 생명으로 이끄는 물건을 열망하고 그것을 위해 땀 흘리도록 하며 파멸로 이끄는 물건을 경멸하고 몰아내도록 가르치는 학문인 것이다.

아직 국민들이 전후좌우를 분간하지 못하여 조개의 분비물이 굳어져서 생긴 형형색색의 돌처럼 생명과 별반 관계없는 것을 값어치 있게 여긴 나머지, 본래 생명을 왕성케 하고 드높이는데 사용되어야 할 고귀한 노동의 막대한 부분을 그깟 돌을 얻기 위해 자맥질하여 해저 바닥을 파거나 또 그것을 기묘한 모양으로 세공하는데 허비하고 있는 이 시대에 오직 참되기에 위대한 경제학만이 무엇이 헛되고 무엇이 영속하는지를 가르쳐준다. 어디 그뿐인가? 국민들이 무지하여 청명한 공기와 빛과 같이 값없이 주어지는 고귀한 것들을 가치 없이 여기는 이 시대에, 그리고 평화와 신뢰와 사랑과 같이 그런 것이 없이는 인간의 존재 자체가 성립되지 않기에 다른 물건의 소유와 활용 자체도 불가능하게 만드는 그런 것들을 시장에 매물로 나온 금은덩이나 진주 같은 것들과 교환하는 것이 남는 장사라고 여기는 이 시대에, 실로 참되기에 위대한 경제학만이 무엇이 헛되고 무엇이 영속하는지를 가르쳐준다. 그리고 또한 낭비와 영원한 허무의 제왕인 죽음을 섬기는 것이 절약과 영원한 충만함의 여왕인 지혜를 섬기는 것과 어떻게 다른지도 가르쳐준다. 여왕의 목소리를 들어라.

"나를 사랑하는 자에게는 재물을 주어 그의 곳간을 가득 채우리라."[10]

저축하는 은행도 좋지만 구원의 여왕은 그에 비해 비교할 수 없이 좋다. 여기서 말하는 '구원의 여왕'은 마돈나 델라 살루테[11], 즉 '건강의 여왕'을 가리킨다. 흔히들 건강과 부를 따로 구분하여 말하지만, 실제로는 건강은 부의 일부분이다.

---

10 구약 〈잠언〉 8:21 참조 _역자주

11 *Madonna della Salute* : 이탈리아 베니스에 세워진 로마 가톨릭 교회이다. 기원 후 1629년 여름부터 발발한 역병이 전체 도시 인구의 1/3의 목숨을 앗아가자 시정부 지사였던 팔라디오는 성모 마리아에게 도시를 보호해 달라는 간청으로 그녀의 이름을 딴 새 교회 건물을 짓기로 결정한다. _역자주

이제 가치에 이어 '부'에 대한 정의를 내릴 차례가 되었다.

밀에 의하면, "부유한 상태는 곧 쓸만한 물건을 많이 가지고 있는 상태"라고 하였다.

정말 그러한가 하나하나 낱낱이 뜯어 검토해 보자. 나의 반대론자들은 나의 주장에 논리적 허점이 많다고 개탄하였다. 그래서 이제 그들이 요구하는 수준 이상으로 논리를 사용하려 한다. 사실 경제학을 떠받치는 데 가벼운 논리로는 충분치 않기 때문에 그 무게를 지탱하기에 적합하지 않은 비전문적인 용어들은 사용하지 않는 것이 좋겠다.[12]

이를 위해 부에 대한 밀의 정의에서 먼저 '가지다'는 동사의 의미, 즉 '소유'의 본질이 무엇인지에 대하여, 그 다음에는 '쓸모 있는'이라는 형용사의 의미, 즉 '유용성'의 본질이 무엇인지에 대해 분명하게 정립해 두어야겠다.

소유라 하면, 밀라노 대성당 십자형 통로의 가운데 지점에 성 카를로 보로메오 St. Carlo Borromeo, 1538~1584의 방부처리

---

12 러스킨은 바로 부에 대한 밀의 정의를 인용하면서 "쓸만한" 그리고 "가지다"라는 표현을 경제학에서 사용하기에 적합하지 않은 비전문적인 용어임을 염두에 두고 말하고 있다. 영국인들 특유의 점잖은 '척' 하며 비꼬아 돌려 말하는 논법이다. _역자주

가 된 유해가 안장된 지 300년이 지났다. 그 유해의 손에는 황금 주교장[13]이 쥐어져 있고, 그 가슴 위에는 에메랄드 십자가가 놓여있다고 한다. 그 주교장과 십자가가 쓸모 있는 물건이라 단정하고, 과연 그 유해가 그 물건들을 '소유'했다고 말할 수 있을까? 소유 재산에 대한 경제학적 관점에서 그 물건들은 과연 그 유해에게 소유되었다고 말할 수 있을까? 상식적으로 죽은 자는 재산을 소유할 수 없기에 그렇지 않다고 대답한다면, 그가 죽은 이후부터 어느 정도 그리고 얼마 동안 온기가 그 몸에 남아있을 동안 그가 그 성물들을 소유했었다고 말할 수 있을까?

비슷한 예로, 최근 캘리포니아로 향하다가 난파된 선박에 타고 있던 한 승객이 200파운드의 금괴가 든 전대를 몸에 두른 상태로 해저 바닥에서 발견되었다고 한다. 그렇다면, 승객의 몸이 가라앉는 동안에 승객이 금괴를 소유했다고 볼 수 있을까, 아니면 금괴가 승객을 소유했다고 볼 수 있을까?[14]

이번엔 금괴가 그의 머리를 강타해서 중풍이나 정신이상

---

13 주교장主敎杖 : 종교 의식에서 주교가 드는 한 쪽 끝이 구부러진 모양의 지팡이 _역자주

같은 불치병에 걸린 상황이라고 한다면, 그를 해저 바닥에 가라앉힌 금괴보다는 이 금괴가 그에게 소유된 상태에 보다 더 가깝다고 말할 수 있을까? 굳이 금괴를 지배하는 인간의 생명력이 점차 강해지는 반대 사례들을 차례로 열거하지 않아도, 독자들은 소유 혹은 '가지다'는 의미가 절대적인 지배력이 아닌 점진적으로 증가 혹은 수축하는 지배력을 뜻함을 이미 눈치 챘으리라 생각한다. 아울러, 이 소유가 행사하는 지배력의 강도는 소유된 물건의 수량이나 특성에 따라서만 결정되지 않고, 오히려 그것을 소유하고 사용하는 사람의 역량과 생명력에 따라서 결정된다는 것도 이해했을 것이다.

사람의 역량과 생명력이 반영된 부에 대한 정의는 다음과 같을 것이다. "부란 우리가 사용할 수 있는 유용한 물건에 대한 소유 상태를 뜻한다." 이는 앞선 밀의 정의와 비교해 중대한 차이가 있다. 새롭게 정의된 부에서는 '가지고 있는' 상태보다는 '사용할 수 있는' 역량에 그 중심 초점이 맞춰져 있다.

---

14 조지 허버트(George Herbert, 1593 ~ 1633)의 시 《교회 현관》 제28행 참조 [···소유했다 착각하나 실은 악마가 그를 소유했네··· _역자주]

검투사의 죽음은 "하베트*habet*", 즉 "제대로 걸렸어!"하는 외침과 함께 결정되지만, 군인의 승리와 국가의 영속은 "쿠오 플루리뭄 포세트*Quo plurimum posset*", 즉 "내가 할 수 있는 일은 다했다"하는 외침과 함께 결정된다.[15] 지금까지 부를 단순히 축적된 물질의 차원에서만 다루었다면, 이제부터는 축적된 역량의 차원에서도 다룰 필연성이 생겼다.

지금까지 동사 '가지다'에 대해서는 충분히 다루었고, 형용사 '쓸모 있는'에 대해 검토할 차례이다. 이 단어의 참된 의미는 무엇인가?

이 질문의 답은 앞에서 다룬 동사 '가지다'와 밀접한 관계가 있다. 어떤 사람이 수중에 가지고 있을 때는 '쓸모 있는' 물건이 다른 사람이 수중에 가지고 있을 때는 '쓸모 없는' 혹은 '오용되는' 경우가 있다. 어떤 물건이 쓸모가 있는지, 혹은 쓸모 없는지는 그 물건 자체에 의해 결정되는 것이 아니라 그 물건을 다루는 사람의 역량에 의해 결정된다. 그래서 고대 그리스인들이 모든 열정의 모체로 숭배하던 바커스*Bacchus* 신[16]

---

15 리비우스(Titus Livius, BC 59~AD 17)의《로마 건국사》제7권, 6절에서 인용 _역자주

이 만들어 전파했다는 포도주는 유용하게 사용하면 신과 인간의 흥을 돋워주지만 (풀어 말하면, 인간에게 깃든 신성의 생명력인 이성의 힘과 세속의 생명력인 육체의 힘을 강화해주지만), 오용되면 인간을 '디오니소스'로 만들어 인간의 신적인 측면, 즉 이성을 마비시킨다.

또 다른 예로, 우리의 몸 역시 건전하게 혹은 불건전하게 이용될 수 있기에, 잘 단련하면 전쟁이나 노동에 이용되어 국가에 기여할 수 있지만, 단련하지 않거나 오용하면 국가에 이바지하기는커녕 그저 제 입에 간신히 풀칠하는 데나 사용될 것이다. 고대 그리스인들은 국가의 공공 이익에 아무 도움이 되지 않는 일에 종사하는 사람을 가리켜 '의무감 없는' 혹은 '자기만 아는' 인간이라 불렀다.[17]

이 '의무감 없는'이라는 뜻의 그리스어 '이디오딕idiotic'에서 파생된 영어 'idiot'은 오로지 자신의 관심사에만 몰두하

---

16 로마신화의 바커스 신은 그리스 신화의 디오니소스와 동일 인물이다. 제우스의 넓적다리에서 태어난 디오니소스는 그의 양어머니였던 헤라가 광기를 불어넣어 주체하지 못하는 격정으로 온 대지를 다니는 술의 신이 되었다고 전해진다. 로마식으로는 바쿠스로 부른다. _역자주
17 고대 그리스 사회에서 노역과 병역은 자유시민으로서 사회적 권리를 주장하기 위해 감당해야할 중요한 사회적 의무였다. _역자주

는 백치를 가리킬 때 쓴다.

따라서 어떤 물건이 쓸모가 있으려면 물건 자체가 지닌 유용한 기능성뿐 아니라 그것을 활용할 수 있는 유능한 사람이 필요하다는 이야기가 된다. 이를 좀 더 전문적으로 표현하자면, 유용성이란 역량 있는 사람의 손에 들린 가치인 셈이다. 그러므로 우리가 지금까지 고찰해왔듯이, '축적'의 관점에서 부를 학문적으로 다룰 때는 물질의 축적만이 아니라 인간 역량의 축적도 그 연구 대상에 포함된다. '분배'의 관점에서 부를 학문적으로 다룰 때는 절대적 분배가 아닌 차별적인 분배에 대해, 즉 아무 대상에게 아무 물건을 분배하는 것이 아닌 적합한 대상에게 적합한 물품을 분배하는 법칙에 대해 연구해야 하는 것이다. 그러므로 부를 연구하는 학문은 단순한 산술 계산 그 이상을 요구하는 고난도의 학문인 것이다.

이를 토대로 부富를 정의하면 '역량 있는 사람의 손에 소유된 가치'라 할 수 있겠다. 국력의 한 형태로써 부를 평가할 때는 반드시 두 잣대를 공평하게 사용할 필요가 있는데, 바로 '소유 재산의 가치'와 그 '재산을 소유하고 있는 국민들의 역량'이 잣대가 된다. 이 두 잣대를 들이대면 겉보기에 부유해 보이는 사람들 중에 대다수는 당초부터 그리고 앞으로도 부를 다룰 역량의 부족으로 인해 그들 금고에 채워진 자물쇠마냥 실제로는 부유하지 못한 사람들이다. 이런 사람들은 국가 경제의 운영에 있어서 마치 물이 고인 웅덩이와 강물의 소용돌이 같은(사람들을 익사시키거나 강물의 흐름에 방해될 뿐이고, 강물이 말라서 그 바닥이 드러났을 때나 그 웅덩이에 담긴 물이 좀 귀해 보일까 싶은) 존재들이거나, 아니면 주인도 없는 방앗간을 위해 흐르는 강물을 아무런 목적 없이 막아선 제방 같은 존재들이고, 혹은 갑자기 툭 뛰어나온 걸림돌과 장애물이 되어서 부wealth를 가져다주기보다는 오히려 그 주변 사람들에게 갖가지 평지풍파를 가져오는 요물 Illth같은 존재들이다.(Illth라는 단어는 없지만 wealth에 상응하는 반의어가 필요하여 만들었다.)

마지막으로 이런 사람들을 묘사하자면, 요지부동한 채 숨만 쉬고 있는 상태로 즉, 사망판정을 받을 때까지 자신의 소유물 중 어느 것도 활용할 수 없는 상태로 시국 정세가 너무 급하게 흐를 때에 걸림돌과 장애물이 되어, 그 흐름의 속도를 늦출 경우에 다소 도움이 되는 존재들이다.

경제학을 연구하는 어려움은 물질적 가치를 제대로 활용하기 위해 인간의 자질을 함양해야 하는 당위성에서만 비롯되지는 않는다. 부란 결국 물질적 가치와 인간의 자질이 교차하는 지점에서 발생하는 것인데, 정작 이 두 요소 간에 서로를 적대시하는 경향이 존재하기에 이 학문의 연구를 어렵게 만든다. 실로 인간에게는 물질적 가치를 무시하거나 심지어 배격하는 성향이 존재하는 바, 포프[18]는 이렇게 노래한다.

"분명 칭송 받기에 합당한 자질을 지닌 자들 가운데

재산을 일으키는 자보다 파산하는 자가 더 많도다."

반대로 물질적 가치 또한 인성人性을 손상시키는 경향이 있다. 그렇기에 이 두 요소의 상관관계를 토대로 부가 그 소유자의 정신과 마음에 미치는 영향에 대해 조사해야 한다. 또한 평소에 부를 획득하는데 전념하여 성공해 온 사람들은

---

18 포프Alexander Pope : 1688 ~ 1744 영국의 시인, 비평가이다. 대표작《우인 열전》이 있다. _역자주

도대체 어떤 부류인지, 또 사회에 중대한 도덕적 영향을 미치거나 사람들의 생활을 개선하는데 도움이 된 물건을 개발하거나 원리를 발견한 사람들 중에 부자가 더 많은지 가난한 사람이 더 많은지도 조사해보아야 한다. 하지만 그 결론을 미리 예견해보자면, 수요와 공급의 법칙이 철저하게 지켜지고 치안이 철저하게 유지되는 사회에서 부자가 된 사람들은 대개 억척스럽게 일하고, 결단력이 있고, 자존심 강하고, 승부욕이 있으며, 추진력 있고, 수완이 좋고, 시세를 잘 읽고, 헛된 생각은 하지 않고, 감상에 빠지는 일도 없고, 찔러도 피한 방울 안 나오는 그런 부류의 사람들일 것이다. 반면 가난에 처한 사람들은 바보 아니면 천재이고[19], 게으르고, 무모하며, 숙맥이고, 사려 깊고, 성격이 좋으며, 상상력이 풍부하고,

---

19 "나는 분별력에 있어서나 자질에 있어서나 플루토스보다 뛰어난 인물을 세상에 보낼 수 있기 때문이다."이처럼 당당한 제우스의 선언도 다음에 이어지는 말 앞에는 초라해질 뿐이다. "제우스 신마저 일하지 않으면 안될 것이다."(아리스토파네스의 희극《플루토스》제582행) [플루토스 : 그리스 신화에 나오는 재물과 부를 관장하는 신. 아리스토파네스에 의하면 제우스는 플루토스의 눈을 멀게 하여 부와 재물을 사람들에게 차별 없이 나누어주게 하였다고 한다. 이로 인해 세상의 질서가 혼란스러워지고 제우스 신마저 일하지 않으면 안될 정도라는 원성이 들리자 그의 눈을 뜨도록 해주어, 그 후로부터 부와 재물을 구별하여 나누어 주도록 하였다고 한다. _역자주]

감상적이고, 박식하며, 계산적이지 않고, 원칙보다는 상황에 충실하고, 서투른 강도이거나, 금방 발각되는 도둑이거나, 한없이 자비롭고 공정한 성인군자 같은 그런 부류의 사람들일 것이다.

지금까지는 부에 대해 논하였다. 다음은 가격의 본질에 대해서 규명하려고 한다. 여기서 '가격'이란 결국 화폐로 환산되는 교환가치를 의미한다.

앞서 알아두어야 할 것은 교환은 '이윤'을 얻는 경제활동이 아니라는 사실이다. 이윤을 뜻하는 영어 'profit'은 '…에 앞서 만드는 것' 혹은 '…의 부탁으로 만드는 것'이란 뜻의 라틴어 '*proficio*'에서 파생되었는데, 이 뜻을 실현시키는 경제활동은 바로 노동이지 교환이 아니다. 교환을 통해 얻는 것은 당사자들에게 부여되는 ad-와 혜택-vantage으로, 즉 '이득 advantage'이다.

예를 들어 어느 농부가 씨를 뿌리고 수확하여 옥수수 한 가마니를 두 가마니로 불린다. 이때 발생하는 것이 이윤이다. 또, 다른 한 대장장이가 광석을 채굴하고 제철하여 삽 한 자루를 두 자루로 만든다. 이때 발생하는 것도 이윤이다. 옥수수 두 가마니를 가진 농부는 땅을 갈기 위한 기구가 필요하고, 삽 두 자루를 가진 대장장이는 일상에 먹을 것이 필요하다. 그래서 그들은 노동으로 얻은 곡식과 기구를 맞교환하고 이 교환을 통해 양쪽 모두 형편이 나아지게 된다. 이 교환 거래를 통해 양쪽이 얻은 것은 이득이지 이윤은 아니다. 무엇도 새로이 만들어지거나 생산되지 않았기 때문이다. 단지 이미 만들어진 것이 그것을 사용할 수 있는 사람에게 전해진 것뿐이다. 교환을 위해 노동 수요가 발생한다면 그 노동 역시 생산 과정에 포함된 것이고, 따라서 다른 모든 노동과 마찬가지로 이윤을 창출한다. 제조나 수송에 관여하는 사람들 모두 하나같이 이윤을 나눠 갖지만, 제조나 수송은 어디까지나 노동이지 교환이 아니기에 교환 활동을 통해서는 이윤이 발생하지 않는다.

물론 인수acquisition, 引受라는 개념도 있지만, 이는 전혀 별개의 문제다. 어떤 사람이 많은 수고를 들이지 않고 물건을 만들어 상대방이 갖은 수고를 들여 만든 물건과 교환하는 경우에, 그는 상대방의 노동이 낳은 생산물의 일정량을 인수하게 된다. 그리고 그가 인수한 만큼, 상대방은 손실을 입는다.

이렇게 인수한 사람을 상업 용어로는 '이윤을 남긴' 사람이라고 부른다. 게다가 우리나라 상인의 대다수는 누구나 이런 식으로 얻는 것이 당연하다고 여기는 듯싶다. 그런데 불행히도 우리가 살고 있는 세상 안에서 성립되는 모든 물질의 법칙과 운동의 법칙은 이런 식의 행위를 엄격히 금하고 있다.

이윤, 즉 물질의 획득은 교환에 의해서 얻는 것이 아니라, 광산을 파서 발견하거나 밭을 일구어서 얻는 것이다. 교환을 통해 물질을 획득하는 경우에는 언제나 그 [+]에 대해 정확히 그 만큼의 [−]가 발생하는 법이다.

경제학의 진보를 위해서는 애석한 일이지만 다량의 [+], 아니면 다소 조잡해보여도 상관없다면, [+] [+] [+]…는 사람들에게 매우 진취적이고 부유하게 보이기 때문에 모두들 [+]를 가능한 극대화할 수 있는 방법을 배우고 싶어 한다. 반대로 [−]는 어두운 뒷골목이나 어느 그늘진 곳에서 움츠려 있곤한다. 심지어 무덤 속에 들어가 그 종적을 완전히 감추어 버리기도 한다. 이로 인해 경제학에서 하는 산술적 계산이 난해해지고 계산 결과가 딱딱 맞아떨어질 수가 없다. 회계사들이 붉은색 잉크로 [−]를 표시하기 때문에 그 숫자들은 굶주림에

170

깡마르고 병에 걸린 듯 창백해 보이고, 심지어는 투명 잉크로 적은 듯 회계 장부에서 사라져 아예 보이지 않기도 한다.

교환을 연구하는 학문, 한 때 제안된 것으로 알고 있는 전문용어로는 '교환학Catallactics '20 은 이득gain을 연구 대상으로 삼을 때는 별다른 차별성이 없지만, 인수acquisition를 그 대상으로 삼을 때는 매우 흥미롭고, 학문의 기초나 자료를 다루는 방식에 있어서 지금까지 알려진 어떤 학문과도 차별화된다.

이 학문에 따르면, 만약 내가 미개인에게 바늘 한 개를 주고 다이아몬드 하나를 얻는데 성공했다면 그 이유는 유럽 사회의 실정에 대해 미개인이 무지했거나, 아니면 다이아몬드의 이점을 최대한 활용해서 더 많은 바늘과 교환할 협상 능력이 미개인에게 부족했기 때문이라는 것이다. 게다가 내가 이 거래에서 최대의 이득을 얻기 위해 그 미개인에게 귀가 없는 바늘 하나를 주고 다이아몬드 하나를 얻는다면 이렇게 해서 교환학의 원리를 완벽하게 구현해낸다면 이 거래에서 내가 취한 이

---

20 Catallactics : '교환하다'라는 뜻의 그리스어 '카탈루소'에서 파생되었다. _ 역자주

득은 전적으로 그 미개인의 무지와 무능력과 부주의에서 비롯된 것이다. 상대의 결함이 없이는 내가 교환학적으로 이득을 챙기는 것은 불가능해진다는 이야기다. 따라서 교환학에서 교환 당사자들 중 한쪽의 이득에 대해서 이야기할 때는 자동적으로 상대방의 무지와 무능력을 전제하는 것으로 이해하면 된다. 만약 전제가 성립되지 못하면 논제도 성립되지 못한다. 그러므로 교환학이란 무지nescience 위에 세워진 지식science이요, 아둔함artlessness 위에 세워진 기술art이다.

모든 학문과 기술은 그들의 적인 무지와 아둔함을 타파하는 것을 그 목적으로 삼거늘, 오직 이 학문만은 예외이다. 이 학문만은 유독 온갖 수단과 방법을 가리지 않고 사용하여 무찔러야 할 그 적인 무지를 오히려 널리 전파하고 그 생명을 연장시켜야 한다. 그렇지 않으면 학문 자체가 성립되지 않기 때문이다. 따라서 이 학문만은 별스럽게도 암흑의 학문이요, 그렇기에 남의 집 자식이나 다름없다. 신성한 아버지에게서 나온 학문이 아니요 암흑의 아버지[21]에게서 나온 학문으로, 이 아버지에 대해 말하자면 그 자녀들에게 돌을 떡으로 바꾸라고 종용하면서도 정작 자신은 떡을 돌로 바꾸는 일에 종사하고 있고, 그 자녀가 생선을 달라고 해도 그의 영지에는 물고기가 살지 않기에 뱀을 줄 수밖에 없는 분이시다.

그렇다면 경제적인 교환, 즉 공정한 교환에 대한 보편적인 법칙은 다음과 같을 것이다. 첫째, 교환 당사자인 양쪽 모두가 이득을 보아야 한다. 아니면 한쪽이 이득을 볼 때 상대방은 적어도 손해가 없어야 한다. 둘째, 흔히 상인이라 부르는 거래 중개인에 대해서는 그가 거래를 위해 소요한 시간과 전문지식 그리고 노력에 대해 정당한 보수를 지불해야 한다. 셋째, 거래를 통해 양쪽 당사자가 얻은 이득과 중개인에게 지불한 보수는 모든 관계자에게 투명하게 공개되어야 한다. 밀실 거래야말로 무지 위에 세워진 사탄의 학문, 즉 신성한 학문의 적이 살아 활동하고 있음을 암시하는 징표이다. 그래서 고대 유대인 상인은 이런 교훈을 준 것이다. "천막의 말뚝이 두 돌멩이 사이에 꽉 끼어들어 가듯이, 사고팔고 하는 사이에 죄가 끼어들어 간다."[22]

돌과 목재 사이를 단단히 고정시키는 말뚝같이 교환 물품

---

21 사탄을 지칭한다. 신약 〈마태복음〉 4:1 ~ 3, 7:9 ~ 10 참조 _역자주
22 공동번역 외경 〈집회서〉 27:2에서 인용 _역자주

사이를 고정시키는 그 무엇인가(즉, 죄)가 발견되는 사람 위를 스가랴의 두루마리('반월검'의 가능성이 높다)가 날아가면서 그 목재와 돌로 지어진 사람의 집을 함께 주저앉히려 외친다. '이는 온 땅 위에 내리는 저주라. 도둑질을 하고도 죄가 없다고 하는 자들에게 내리는 저주라.' 그리고 바로 뒤이어 '온 세상의 불의한 자들의 불의'를 측량하는 커다란 바구니가 납으로 만든 그 뚜껑과 함께 환영으로 나타나는데, 그 바구니 안에는 악령의 여인이 앉아있다. 이는 육중하게 둔하고 잔인한 겉모습 속에 자신을 감추고 있는 사악함을 상징한다. '이 커다란 바구니는 바벨의 땅에 있는 그 거처 위에 놓일 것이다.'[23]

지금까지 교환과 관련하여 '이득'이라는 용어를 두 가지 개념으로 사용하였다. 하나는 우리가 필요로 하는 것을 얻을 때 생기는 이득의 개념이고, 다른 하나는 우리가 원하는 것을 얻을 때 생기는 이득의 개념이다.

이 세상에 존재하는 모든 수요 중에 75%는 환상과 이상, 희망과 애착에서 비롯된 낭만적인 것들이다. 즉, 돈지갑을

---

23 구약 〈스가랴서〉 제5장 참조

단속하기 위해서는 인간의 상상력과 감정을 단속해야 한다는 뜻이다. 이런 이유로 가격의 본질에 제대로 접근한다는 것은 지극히 형이상학적이고 심리적인 차원의 문제다. 다윗이 베들레헴 성문 옆에 있는 우물물의 가치를 헤아릴 때처럼,[24] 이 문제는 감정적으로만 접근이 가능한 경우도 있다.

그러나 이 문제의 근본적인 해결 조건은 다음과 같다. 어떤 물건의 가격은 그 물건을 원하는 사람이 그것을 얻기 위해 들인 노동의 양이다. 노동량으로서의 가격은 네 가지 변수에 의해 결정된다. 즉, 이 물건을 구입하고자 하는 구매자의 소유욕 [A]는 판매자의 소유욕 [a]와 대립 경쟁하고, 물건을 소유하기 위해 구매자가 지급할 수 있는 노동량 [B]는 판매자가 물건을 계속 소유하기 위해 제공할 수 있는 노동량 [b]와 대립 경쟁한다. 이 네 가지 변수량은 초과 법칙에 의해 결정된다. 즉, [A]는 어떤 물건에 대한 구매자의 소유욕이 다

---

24 구약 〈역대기상〉 11:17 ~ 19 참조. 자신의 고향 베들레헴을 점령한 팔레스타인 사람들과 전쟁을 치르던 이스라엘 다윗 왕은 어릴 적에 마시던 베들레헴 성문 곁 우물의 물맛이 간절해졌다. 이에 왕의 심복 세 명이 적군의 진영을 뚫고 들어가 그 우물에서 물을 길어 다윗 왕에게 바쳤다. 다윗은 이 물의 가치는 세 용사의 목숨과 같은 값이라며 마시기를 거부하고 자신의 신에게 헌정한다. _역자주

른 물건들에 대한 소유욕을 초과했다는 의미이고, [B]는 어떤 물건을 구매하기 위해 투여할 수 있는 노동량이 다른 물건을 구매하기 위해 투여할 수 있는 노동량을 초과했다는 의미를 뜻한다.

따라서 가격의 형성은 극도로 복잡하고 까다롭고 흥미로운 현상이다. 그러므로 지금 단계에서 검토하기에는 무리가 있다. 이 현상을 한참 추적하여 조사해보면 결국에는 하나같이 '도살될 가련한 양떼들'을 매매하는 과정의 일부에 지나지 않는다는 사실을 알게 된다. 구약 〈스가랴서〉 11장 12절에 기록된 바와 같이, "너희가 좋게 여기거든 내 품삯을 내게 주고 그렇지 아니하거든 그만두라"는 식이다. 하지만 모든 물건의 가격을 최종 결정짓는 기준은 노동이기 때문에 이제 노동의 본질을 정립할 필요가 있다.

노동은 인간의 생명이 그 적과 벌이는 투쟁이다. 여기서 '생명'이란 인간의 지성과 영혼과 체력을 포괄하는 총체적인 의미로, 그 적인 회의와 고난과 시련과 온갖 물리적인 힘에 맞서 투쟁한다.

노동은 그 안에 내재한 생명의 요소가 많고 적음에 따라

176

고급과 저급으로 분류된다. 그리고 어떤 종류의 노동이나 양질의 노동에는 육체의 힘을 전적으로 조화롭게 다스리기에 합당한 지성과 감성이 필수적이다.

모든 금과 은이 순도에 따라 등급이 매겨지듯이, 노동의 가치와 가격을 논할 때에도 각 노동마다 매겨진 등급과 품질을 인식할 필요가 있다. 저질의 노동, 즉 열정과 경험이 없고 눈썰미가 없는 노동은 가치가 없다. 그런 노동은 마치 정체불명의 합금이나 기준 강도에 미달한 철과 같다.[25]

일정 종류의 노동이 일정 수준에서 이루어졌을 때는 그 가치가 결정된 다른 모든 물건들처럼 그 노동의 가치 또한 불

---

25 양질의 노동, 즉 효과적이고 효율적인 노동을 고대 그리스인들은 보통 '가치 있는'으로 번역되는 '악시오즈(αξιος, 무거운)'한 노동이라 불렀다. 이런 노동은 실제적이고 진정한 가치를 갖기에 그리스인들은 그 보수를 '티메이(τιμη)', 즉 노동에 대한 '명예로운 예우'라고 명했다.(라틴어로는 *honorarium*) 이 용어는 진정한 노동을 신성한 것으로 여기는 그들의 사고방식에 기초하여 진정한 노동은 신들을 향해 높이 들려진 명예같이 신성한 것으로 여겼던 것이다. 반면 거짓된 노동, 즉 생명에서 멀어지게 만드는 노동은 명예가 아닌 응징으로 그 대가를 반드시 돌려줘야 할 것으로 여겼다. 그리스인들은 이 응징을 표현하는 낱말도 따로 가지고 있었으며, 거짓된 노동으로 받은 보수에 대한 강제 회수는 '살인을 복수하는'이라는 뜻의 티시포네라는 여신 고유의 몫으로 여겼다. 이 여신은 고등수학에 정통하고, 단 1초도 늦는 법이 없으며, 오늘날에도 은행 계좌를 열어두고 있을지 모른다.

변한다. 다만 다른 물건을 생산하기 위해 투입되는 노동의 양은 가변적이다. 그리고 생산된 물건의 수량에 따라 노동 가격이 결정될 것이 아니라, 반대로 물건의 생산에 투입된 노동량의 변동에 따라 물건 가격이 결정되어야 한다.

우리가 돌투성이 땅에 사과나무 묘목을 심는 데 두 시간 걸린다면, 잘 간 땅에 심을 때는 반 시간 가량 밖에 걸리지 않을 것이다. 만약 두 토질 모두 묘목의 성장에 동일하게 적합하다면, 두 시간 걸려 심은 묘목의 가치가 반 시간 걸려 심은 묘목의 가치에 비해 결코 크다고 할 수 없다. 두 시간 걸려 심었다고 해서 더 많은 열매를 맺는다는 의미는 아니기 때문이다. 게다가 돌투성이 땅에서 일한 반 시간의 노동은 부드러운 땅에서 일한 반 시간의 노동과 그 가치에 있어 차이가 없다. 다만 한쪽은 반 시간짜리 노동을 네 번 한 반면에, 다른 쪽은 한 번만 한 것이다.

이 상황을 적절하게 정리해 본다면, 단단한 땅에서 일한 노동이 부드러운 땅에서 일한 노동에 비해 그 노동 가치가 떨어지는 것이 아니고, 다만 그렇게 고생해서 심은 나무가 애물단지라고 말해야 한다. 차후에 계산해야 할 이 나무의 교환가치는 이 사실과 상관이 있거나, 혹은 없을 수도 있다. 많은 사람들이 사과를 재배할 부드러운 땅을 소유하고 있다면, 돌투성이 땅에 심은 나무를 그들이 사려고 할 때 우리가 거기에 두 시간이나 들여 노동한 것은 전혀 고려하지 않고 구매가격을 제시할 것이다. 만약 우리가 원예학 지식이 부족해서 돌밭에 사과나무 대신 독성이 있는 유퍼스 나무[26]를 심었다면 이 나무의 교환가치는 [−]가 되고, 그 나무에 쏟은 노동까지 따진다면 도저히 수지 타산이 맞지 않을 것이다.

따라서 흔히 말하는 헐값 노동이라는 것은 실제로는 노동으로 극복해야할 장애물이 너무 많은 나머지, 소량의 성과를 얻기 위해 대량의 노동이 투입되었다는 뜻이다. 하지만 이런 경우에 노동의 가치가 헐값이라고 표현하기 보다는, 그 노동의 대상이 애물단지라고 표현하는 것이 옳다. 고작 저녁 끼니를 벌기 위해 열 시간이나 일했으므로 그 노동을 헐값이라고 말하는 게 합당하다면, 저녁 식사를 위해 집까지 10리를 걸어야 했으므로 그 걸음이 쓸데없는 행동이었다고 말하는

---

26 유퍼스upas : 자바 말로 '독'이라는 뜻이다. 쌍떡잎식물 쐐기풀목 뽕나무과의 상록교목으로 높이 약 30m, 지름이 약 2m이다. _역자주

것과 다를 바가 없다.

이제 마지막으로 정립해야 할 용어는 '생산물'이다.

지금까지 어느 노동이나 이윤 창출에 기여하는 것이라 논하였는데, 그 이유는 노동의 품질 혹은 가치와 노동의 목적을 하나로 묶어 고찰하는 것이 불가능했기 때문이다. 그러나 사실은 최고 가치의 노동에도 다양한 목적이 존재할 수 있다. 그 목적이 농업처럼 건설적constructive,'모아서con- 쌓아올리다-struo'일 수도 있고, 보석 세공처럼 아무것도 아니라 회색적일 수도 있고, 아니면 전쟁처럼 파괴적destructive,'흩어de- 버리다-struo'일 수도 있다. 그러나 그 목적이 회색 지대에 자리한 노동에 대해 실제로 그렇다는 것을 증명하기란 분명 쉬운 일은 아니다.[27] 다만 "함께 모으지 않는 자는 흩는 자이다"란 원리가 대체로 들어맞는 것 같다.[28]

그렇기에 보석 세공기술은 꼴사납고 천박한 과시욕을 떠받드는 점에서 지극히 해로운 것인지도 모르겠다. 이 원리에 따라 거의 모든 노동은 생명을 생산하는 '건설적인 노동'과 죽음을 생산하는 '파괴적인 노동'으로 나눌 수 있다고 믿는다. '파괴적인 노동'하면 살인이 가장 먼저 떠오르고, '건설적

180

인 노동'하면 자녀를 낳아 기르는 것이 가장 먼저 떠오른다.
그렇기에 가장 혐오스러운 살인과 가장 경이로운 자녀 양육
을 양 극단의 기준점으로 설정해서 각각의 노동이 얼마나 파
괴적이고 건설적인지 측정할 수 있겠다.

아이들을 키우는 것 자체가[29] 고귀한 노동으로, 아내는 격
려의 상징으로 포도나무에 비유되는 반면, 아이들은 칭찬의

---

27 가장 헛되고 헛된 노동은 아마도 그 요구에 제대로 부응하지 못해서 처
음부터 다시 되풀이해야 하는 노동일 것이다. 다른 사람들의 협력 없이 혼자
하기에 능률이 떨어지는 노동도 마찬가지다. 스위스의 벨린조나 인근의 작
은 마을 목사에게 소작농들이 왜 티치노 강이 범람해서 자기들의 전답이 침
수되는 것을 두고 보고만 있느냐고 궁금해 물었던 적이 있다. 그 목사의 대답
이, 다들 그렇게 하면 자기뿐 아니라 모든 이웃에게도 좋겠다고 말은 하면서
강 상류에 홍수를 방지하기 위한 제방을 쌓는 데는 정작 힘을 모으지 않는다
는 것이었다. 결국은 각 지주들이 자기 전답 주위에 나지막한 제방을 쌓았지
만, 티치노 강은 제멋대로 모든 전답을 휩쓸고 다니며 집어삼켰다고 한다.
28 신약 〈마태복음〉 12:30 참조 _역자주
29 '낳는다' 대신 '키운다'는 표현을 왜 사용했는지 다시 생각해주기 바란다.
칭찬의 대상은 파종도 농장도 아니고 시간이 꽉 찬 후에 맺히는 열매다. 순
간적으로 몸을 던져 생명을 구한 영웅에 대해서는 주저 없이 열렬한 환호를
보내면서도, 여러 달 동안 지난한 수고와 희생으로 한 생명을 창조한 사람에
게 박수치는 데에는 인색한 사람들을 보면 이해하기 어렵다. '시민을 구조한'
사람에게는 영예로운 화관을 씌워주면서 '시민을 출산한' 사람에게는 왜 그
런 영예를 돌리지 않는 걸까? 물론 여기서 출산이란 온전한 육체만이 아니라
온전한 영혼에 대한 출산을 의미한다. 영국에는 두 영웅 모두를 위해 화관을
만들어 주기에 충분한 떡갈나무가 자라고 있지 않은가.

상징으로 올리브 가지에 비유된다.[30] 아니 칭찬의 상징일 뿐 아니라 평화의 상징이기도 하다. 왜냐하면 평화로울 때에만 자녀를 여러 명 키우는 것이 가능하기 때문이다. 하긴 아이들이란 사방팔방으로 다니며 동에 번쩍 서에 번쩍 나타나 집 안 곳곳에 활력을 불어넣는 존재들이라, 여기저기 멀리까지 팽팽 화살을 쏘아대는 거인의 손에 걸린 화살에 비유될 만도 하다.

이와 같이 노동은 다양한 결과를 창출하는 바, 한 국가의 번영은 생활 수단을 획득하고 활용하는 과정에서 국민들이 투입하는 노동의 양에 정비례한다. '획득하고 활용하는 과정'이란 표현에 주목해주기를 바란다. 이 과정에는 현명한 생산 뿐 아니라 현명한 분배와 소비도 포함된다. 경제학자들은 대개 순수한 소비 활동에는 어떤 유익도 없는 것처럼 주장한다.[31] 이는 잘못된 주장으로, 오히려 순수한 소비는 모든 생산의 목적이고 꽃이자 완성이다. 게다가 현명한 소비는 사실

---

30 구약 〈시편〉 128:3 참조. 포도나무와 올리브나무는 이스라엘의 농업에서 가장 주요한 생산 작물이다. 그래서 구약에서 포도나무는 이스라엘을 상징하고, 신약에서 예수는 자신을 포도나무에 비유하며 참 이스라엘인임을 상징하였다. _역자주

현명한 생산보다 훨씬 고난이도의 기술이다. 돈을 제대로 벌 수 있는 사람이 스무 명이라면 돈을 제대로 쓸 수 있는 사람은 한 명 꼴이다. 그렇기에 국민 개개인이나 국가에게 물어야 할 핵심 질문은 결코 '돈을 얼마나 많이 버는가?'가 아니라 '그 돈을 무엇을 위해 쓰는가?'인 것이다.

아마도 독자들은 이때까지 '자본'과 그 기능에 대해 거의 언급하지 않은 것을 의아해 할지도 모르겠다. 이제 논의할 시점이 되었다.

'자본'을 뜻하는 영어 capital은 '머리'나 '근원' 혹은 '원료' 등의 어원을 가지고 있다. 즉, 이차적으로 파생되어 나오는 물품의 원료 물질이라는 뜻이다. 따라서 그 자체와는 다른 물질을 생산할 때에만 진정한 의미의 자본, 즉 '죽은 자본 *caput mortuum*'이 아닌 '살아있는 자본*caput vivum*'이다. 자고로 뿌리란 자기와 다른 무언가를 생산할 때, 즉 열매를 맺을 때 자신의 존재 이유를 증명할 수 있다. 그 열매는 때가 되면 다시 뿌리를 내리니, 모든 살아있는 자본은 또 다른 형태의

---

31 밀이 논하는 생산적인 소비는 자본 증대 또는 물질적 부의 증대를 가져다주는 소비만을 의미한다.(제1권, 3장 4, 5절 참조)

자본을 증식하기 마련이다. 그러나 자본 외에 다른 아무것도 생산하지 않는 자본은 결국 뿌리 역할밖에 못하는 그냥 뿌리에 지나지 않는다. 이런 자본은 마치 튤립이 꽃을 피우지 못한 채 뿌리만 번식하는 알뿌리와 같고, 빵을 만들지 못한 채 밀알만 맺는 밀알과도 같다. 유럽의 경제학은 오늘날까지 알뿌리를 증식하는데, 아니 그보다도 못하게 모으고 쌓아두는 데에만 전력해왔다. 튤립 꽃은 보지도 못했을 뿐더러 상상도 못했다. 글쎄, 경제학자들이 자본 집적의 법칙을 마련한 그 목적과 의도란 것이 혹시 삶은 알뿌리를 얻기 위해서이거나, 아니면 순식간에 유리 가루로 변하는 프린스 루퍼츠 알방울[32]을(설마 사람을 죽이려고 총에 넣을 화약 가루를) 얻기 위함이 아니었을까.

여기서 자본 집적의 법칙에 대해 좀 더 분명한 개념을 그려보도록 하자.

가장 쉽고 적절한 비유를 들자면 자본은 마치 잘 만들어진

---

32 Prince Rupert's Drops : 눈물방울 모양의 유리 장난감. 불에 달군 유리를 차가운 물속에 떨어뜨리면 급속히 냉각되면서 겉은 눈물방울 모양으로 굳어지지만 속은 압력으로 가득 찬다. 가느다란 꼬리 부분을 자르는 순간 압력이 급손실 되면서 유리 가루가 산산이 흩어진다. _역자주

보습과 같다. 만약 보습이 폴립polyp[33]처럼 다른 보습을 증식하는 것 이외에 아무 일도 하지 않는다면, 폴립이 자체 증식으로 이룬 커다란 군집체가 아무리 햇빛에 반짝거릴지라도 이미 그 기능을 잃어버린 쓸모없는 자본에 불과하다.

자본은 다른 방법으로 반짝일 때, 즉 자가 증식으로 빛을 발하지 않고 오히려 소모되어 밭고랑을 만들 때 생기는 고귀한 마찰로 인해 빛을 발해야 진정한 자본이라 할 수 있다. 따라서 자본과 관련해 모든 자본가들과 국가들에게 물어야 할 근본적인 질문은 "당신은 보습을 몇 개나 소유하고 있습니까?"가 아니라 "당신의 밭고랑은 어디에 있습니까?"이고, "이 자본이 얼마나 빨리 증식되겠습니까?"가 아니라 "생명의 증식을 위한 이 자본의 역할은 무엇입니까?"가 되어야 한다. 생명의 증식을 위해 어떤 물품이 공급되어야 하겠는가? 생명을 보호하기 위해 어떤 방벽을 쌓아야겠는가? 이 질문들에 긍정적으로 답할 것이 하나도 없다면 자본의 자가 증식은 쓸모없다. 자본은 생명을 지탱하며 파괴도 하기 때문에 만약

---

33 폴립polyp : 강장동물 가운데 고착 생활을 하는 체형으로 출아법으로 증식한다. 해변 말미잘처럼 단독체인 것과 산호류처럼 군집체인 것으로 나뉜다. _역자주

하나도 없을 뿐 아니라, 오히려 부정적인 답을 내놓는다면, 그런 자본의 자가 증식은 쓸모없는 게 아니라 도리어 유해한 것이다. 이런 자본은 티시포네[34]에게 저당 잡히고 빌린 돈과 같이 결코 이윤이라 볼 수 없다. 이는 고대 그리스인들도 익시온[35]을 통해 깨달았던 바이다.

자본은 부의 머리, 즉 원천이기 때문이다. 구름이 비를 계속 뿌려대는 화수분이듯, 자본은 부를 계속 증식하는 화수분이기 때문이다. 그런데 구름 안에 머금은 물이 없어 계속 구름만 일으킬 뿐이라면, 끝내 비가 아닌 분노를 뿌리고, 볏단이 아닌 번개를 내릴 것이다. 신화에 따르면 익시온은 연회에 손님들을 초대해놓고 그들을 불구덩이 속에 떨어뜨렸다고 한다. 이 연회는 감옥의 고통과 데마의 은광[36]같은 갱도

---

34 티시포네 : 그리스 신화에 등장하는 복수의 여신들 가운데 하나로, '살인을 복수하는 여자'라는 뜻이다. 피로 물든 옷으로 몸을 감싸고 앉아서 저승의 입구를 지켰다고 한다. _역자주

35 익시온 : 그리스 신화에 나오는 라피타이 족속의 왕. 신들의 연회에 참석했다가 제우스 신의 아내 헤라에게 반한다. 제우스가 그를 떠보려고 구름으로 헤라의 형상을 만들어 가까이 두었더니 그 구름과 몸을 섞어 반인 반마半人半馬인 켄타우로스를 낳았다. 분노한 제우스는 익시온을 지옥에 떨어뜨리고 영원히 멈추지 않는 수레바퀴에 매달아 버렸다고 한다. _역자주

속의 고통으로 몰아넣는 부의 유혹을 상징한다.

　이후 익시온은 헤라 여신을 탐한 나머지 헤라의 모습을 한 구름(또는 환영)을 대신 덮쳐 켄타우로스를 낳았다고 전해진다. 이는 부에 대한 열광이 육체적 쾌락의 탐닉을 넘어 권력에 대한 탐닉으로, 그것도 실로 이해하지 못하는 미지의 권력에 대한 탐닉으로 번지는 것을 보여준다고 하겠다. 부 자체가 지닌 힘은 환영을 껴안는 것과 마찬가지로 아무런 만족감이 없다. 구약 〈호세아서〉 12장 1절에서 "에브라임이 바람을 먹으며 동풍을 따라"간 것도, 〈잠언〉 23장 5절에서 말하는 "허무한 것"도, 그리고 탐욕스런 사기꾼의 전형인 단테의 게리온이 날면서 그 발톱을 오무렸다 폈다 하며 "발로 공기를 모으는"[37] 것도 구름을 껴안는 것과 같은 행위이다.

　익시온의 자손들에게는 인성과 야성이 반반씩 섞여 있다.

---

36 데마의 은광 : 존 버니언(John Bunyan, 1628 ~ 1688)의 《천로 역정》 참조. 데마는 은광이 묻힌 탐욕의 언덕 위에 서서 지나가는 행인을 부른다. 가까이 다가가는 행인은 무너지는 흙과 함께 갱에 빠져 죽게 된다. _역자주

37 앞에서 인용한 구약 〈스가랴서〉 제5장에서는 이후에 두 여인이 등장하여 그 커다란 바구니를 들어 올리는데 "그 날개에 바람이 있더라"라고 기록되어 있다. 우리가 사용하는 흠정역KJV 영어 성서에 채택한 "황새의 것 같은 날개에"라는 번역보다는 불가타Vulgate 라틴어 성서에 채택한 "연 꼬리 같은

지성과 화살을 모두 쏘아댈 수 있을 만큼 현명한 인간이면서, 그 입으로 사람을 잡아먹고 그 발굽으로 사람을 짓밟을 만큼 난폭한 금수이기도 하다. 이런 죄악으로 인해 결국 익시온은 영원히 공중에서 회전하는 톱니 모양의 불타는 수레바퀴에 묶이게 되었다. 중세 시대까지 '운명의 수레바퀴'로 표현되어온 익시온의 수레바퀴는 이기적으로 일하면서 결국 아무 성과도 이루지 못하는 인간의 헛된 수고를 상징하는 전형적인 예다. 이 수레바퀴는 생명의 호흡도 심령도 없이 다만 임의대로 굴러갈 뿐이다. 반면에 구약의 선지자 에스겔이 환상 중에 본 수레바퀴는 모든 진실한 것들 중에서도 진실한

날개에"가 더 나은 번역인 것 같다. 그러나 이 둘보다 더 정확한 번역은 70인역(Septuagint) 그리스어 성서에서 사용한 "추장 새의 깃 같은 날개에"란 번역일 것이다. 이 새는 여러 전설에서 보통 재력의 상징으로 등장한다. 새들이 주역으로 등장하는 아리스토파네스의 희곡《새》에도 이런 전설들로 가득하다. 특별히 제1권 550행에 등장하는 "구운 벽돌로 공중에 쌓은 고대 바빌론 도시 같은 요새"에 대한 부분을 주의 깊게 읽어보고 나서 이를 단테의《신곡》의 〈지옥편〉에 등장하는 플루토스와 비교해 보라. 이 플루토스라는 인물은 지옥의 실력자들 가운데 유일하게 말을 조리 있게 하지 못하는 자이다. 그는 또한 가장 겁이 많은 인물로, 말 한마디에 사로잡혀 꼼짝 못하게 되거나 문자 그대로 '쓰러져 버린다'. 어찌 손을 써 볼 도리가 없이 닥친 경제공황 앞에 선 상인의 모습은 "바람을 받아 한껏 부풀어 오른 돛들이 꺾인 돛대와 함께 떨어지는 듯하다"는 간결한 비유 속에 비추어 보인다.

것이다. 그가 본 수레바퀴는 천사들이 가면 그들과 함께 가고 멈추면 그들과 함께 멈추니, 그 가운데 생명의 영이 깃들어 있다.[38]

지금까지 살펴본 자본의 본질이 실로 이러하기 때문에 경제활동이 활발한 국가에서는 그 영향으로 두 가지 형태의 생산이 이루어지게 마련이다. 하나는 종자 생산이고, 다른 하나는 곡물 생산이다. 달리 말하면, '땅'을 만족시키기 위한 생산과 '입'을 만족시키기 위한 생산이다. 탐욕스런 사람들은 이 두 가지 형태의 생산이 단지 곡물 창고에서만 이루어지는 활동이라고 여기겠지만, 곡물 창고의 기능이란 곡물이 출하되어 최종적으로 분배될 때까지 임시로 보관하고 중개하는 것뿐이다. 분배의 목적을 이루지 못한다면 창고에 쌓인 곡물은 곰팡이들의 서식처가 되고 쥐와 해충들의 양식이 될 뿐이다. 땅을 만족시키는 생산도 결국은 장래의 수확을 기대할 수 있을 때 비로소 의미가 있기에, 모든 생산은 '궁극적으로' 입을 만족시키기 위해 이루어지는 활동이고, 따라서 인간의 입이야말로 생산을 평가하는 재판관이다. 그래서 앞에

---

38 구약 〈에스겔서〉 10:16 ~ 17 참조 _역자주

서도 주장했듯이, 소비야말로 생산의 꽃이고 또한 한 국가의 부를 평가하는 유일한 기준이 된다.

경제학자들은 이 사실을 분명하게 인식하지 못하기에 높은 이자율과 세율을 옹호하는 오류를 범하고 있는 것이다. 그들은 금전적 이득에만 사로잡힌 나머지 국민의 이득은 안중에도 없다. 그러다가 새 사냥꾼이 흔드는 거울에 새들이 현혹되듯이 반짝이는 금화에 현혹되어 갖가지 그물과 함정에 걸려들고 만다. 아니, (그 점을 제외하고는 그들과 새 사이에 별다른 공통점이 없으니까) 그보다는 마치 제 그림자의 머리를 밟으려고 방방 뛰는 어린아이들 같다고 해야 할 것 같다. 그들은 진정한 이윤인 인간을 제쳐두고 그 그림자인 금전적 이윤을 좇기 때문이다.

그러므로 경제학의 최종 목적은 양질의 소비 수단을 획득하고 풍성한 소비 활동을 이루는 것이라 하겠다. 달리 말하면, 그 목적은 모든 것을 소비하되 고결하게 소비하는 것이다. 그 소비 형태가 재화나 서비스, 아니면 완벽한 재화를 만들기 위한 서비스라도 상관없다. 밀의 저서《경제학 원리》가 지닌 오류 중 가장 이해하기 어려운 것은 리카도에게서 전수

된 이것으로, 직접적인 서비스와 재화 생산을 통한 간접적인 서비스를 구태여 구분한 결과, 상품에 대한 수요와 노동에 대한 수요 역시 별개로 구분된다고 단정지은 것이다.(제1권, 5장 9절 이하) 그는 후원後園을 조성하기 위해 고용한 노동자와 벨벳을 만들기 위해 고용한 노동자를 구별하고, 자본가가 이 두 가지 노동 형태 가운데 어느 쪽에 지갑을 여느냐에 따라 노동계급의 재편에 실제적인 차이가 발생한다고 공언한다. 정원사를 고용하는 것은 서비스에 대한 수요이지만 벨벳을 구입하는 것은 그렇지 않다는 것이다.[39] 이는 정말로 잘못되어도 한참 잘못된 터무니없는 오류이다. 물론 노동자에게 봄바람을 맞으며 낫을 휘두르라고 지시하느냐, 아니면 공기가 탁한 실내에서 방직기를 돌리라고 지시하느냐에 따라

---

[39] 원료의 가치는 노동 임금에서 공제되는 것인데 지금 인용한 대목에서는 고려 대상에서 제외시켰다. 중개인에게 지급한 노동 보수가 어떤 부차적인 결과를 초래하는지 밝혀보는 것만으로도 밀이 범한 오류가 드러나기 때문이다. 밀은 "방직공의 일당은 소비자의 자본에서 지불되는 것이 아니다"라고 주장한다. 미안하지만 그 말은 옳지 않다. 집주인이 정원사에게 보수를 지불하듯이, 벨벳의 소비자 역시 방직공에게 보수를 지불한다. 그 뿐인가? 운송 선박의 선주, 유통업자, 소매점 주인 등 중개 역할을 하는 사람들에게도 보수를 지불한다. 즉, 운송료, 가게 임대료, 손해배상금, 대출금, 그리고 관리비 등등의 명목으로 지출하는 것이다. 수석 정원사의 임금이 잔디 가격에 덧붙는 것

노동자에게 미치는 영향에 차이가 존재하는 것은 분명하다. 하지만 노동자의 주머니에 초점을 집중해 보면, 씨앗과 낫을 가지고 초록색 벨벳을 만들라고 지시하든, 비단과 가위를 가지고 붉은색 벨벳을 만들라고 지시하든 노동자의 주머니에는 아무런 차이가 없을 것이다. 게다가 소비자가 벨벳을 사서 그 위를 밟고 다니든지, 걸치고 다니든지, 마음먹은 대로 어떻게 사용하든지 간에 소비자의 소비 행태가 벨벳을 만든 노동자와는 금전적으로 아무 상관이 없다. 하지만 소비자들의 소비의식이 보다 건전해진다면 추구하는 소비 행태뿐 아니라 원하는 소비 물품의 종류가 변함에 따라 노동자와도 상관관계가 생길 것이다. (밀이 철기구를 예로 삼아 논증한 그 유명한 이론을 잠시 떠올려 보면,)[40] 여기서 내가 노동자를 복숭아 재배를 위해 고용하든지 폭탄 제조를 위해 고용하든

과 마찬가지로 이 모든 경비가 벨벳의 가격 전후좌우에 덧붙는 것이다. 소비자가 벨벳이 생산된 지 반 년이 지난 뒤에야 그 값을 지불한다고 해도 벨벳이 소비자의 자본으로 생산된 사실에는 변함이 없다. 월요일에 잔디 깎는 기계로 제초 작업을 한 정원사가 토요일 오후에 그 보수를 받는다고 해도 깎인 잔디가 고용주의 자본으로 생산된 사실에는 변함이 없는 것과 마찬가지이다. "구매자는 사라져도 자본은 영속하다"는 밀의 결론이 런던에서 현실화된 역사가 있지 않던가.

지, 둘 중에 내리는 결정은 노동자의 금전적 이윤과는 아무 관계가 없다. 그러나 어떤 물품을 소비하는가 하는 나의 소비 행태와는 관계가 있다. 두 물품에 대한 소비가 모두 사치성 소비가 아니라고 가정한다면, 노동자의 아이가 앓아 누웠을 때 내가 그 집에 가서 복숭아를 건네주느냐, 아니면 굴뚝으로 폭탄을 떨어뜨려 그 집 지붕을 통째로 날려버리느냐는 노동자에게 있어 천지차이일 것이다.

이 노동자에게 가장 큰 불행은 복숭아는 제 입맛에 따라 선택하면서, 폭탄은 손익계산에 절대적으로 따르는 자본의 소비 행태에 따라야 하는 것이다.[41]

아무튼 교환법칙에 따라 폭탄이 그 교환가치를 증명하기 위해서는 '누군가'의 지붕이 반드시 날아가야 한다는 사실에는 변함이 없다. 이웃에게 포도를 재배해서 주든지, 아니면

---

40 이 이론은 앞서 검토했던 벨벳을 예로 삼아 세운 이론과 정반대임을 유의해야 한다. 이 철기구론에 따르면 정원사를 해고하고 제조공을 고용해야 하지만, 벨벳론에 따르면 반대로 제조공을 해고하고 정원사를 고용해야 한다.
41 대의명분 없는 전쟁을 통해 자본가들이 축적한 부는 유럽의 자본주의가 지닌 추악한 모습의 한 단면이다. 대의명분 있는 전쟁을 지원하는 데는 그리 많은 비용이 들지 않는다. 그런 전쟁을 위해 싸우는 사람들은 대부분 보수를 바라지 않고 전선으로 달려가기 때문이다. 그러나 명분 없는 전쟁을

포탄을 제조해서 주든지 그것은 각자의 자유다. 그리고 물물 교환 법칙에 따라 당신에게 포도를 줄지 아니면 포탄을 줄지 결정하는 것 역시 상대의 자유다. 뿌리는 그대로 거두리라.

그러므로 생산을 저울질하는 잣대는 소비 행태와 그에 따른 결과라고 할 수 있겠다. 생산물은 노동의 결과로 만들어진 물건이 아니라 유용하게 소비할 수 있는 물건을 뜻한다. 그렇기에 국가가 대답해야 할 질문은 '얼마나 많은 노동자를

수행하기 위해서는 인간의 몸과 영혼을 사들이지 않으면 안 되고, 또 그들 손에 들려줄 최신 무기도 구입해야 하기에 전쟁 비용은 가히 천문학적인 수준이 된다. 야박하고 서로를 믿지 못하기에 한 시간도 채 마음의 평화를 누릴 수 없는 국민이 득실대는 나라들이 다른 나라들과 견원지간犬猿之間이 되어 치르는 전쟁 비용은 말할 것도 없다. 예를 들면 현재 영국과 프랑스는 서로에게 되돌려줄 '경악'을 사들이기 위해 매년 1천만 파운드를 지출하고 있다.(반은 가시/반목, 나머지 반은 사사나무/공포 잎이 달린 작물에서 생산되는 이 빈약한 수확물인 '경악'은 진리 대신 탐욕을 가르치는 경제학의 농법을 따라 파종하고 수확하여 곡물 창고에 저장한다.) 게다가 명분 없는 전쟁을 수행하려면 적군을 약탈하지 않는 한 자본가들에게 손을 벌리는 수밖에 없고, 이 빚은 고스란히 전쟁을 결정하는데 아무 의사 개입도 하지 않은 국민들이 납부할 세금이 된다. 전쟁을 발아시킨 씨앗은 자본가들의 결정인 듯 하지만, 사실은 전 국민의 탐욕이라 하겠다. 이 탐욕으로 인해 국민들은 서로를 신뢰하지 못하고, 서로에게 솔직하고 정직할 수 없으며, 때가 되면 각자 가지고 온 손해배상 청구서를 상대방에게 내밀고 각자 그 벌을 받게 되는 것이다. _역자주

고용하느냐'가 아니라 '얼마나 많은 생명을 생산해 내는가'
이다. 그 이유인즉, 소비야말로 생산의 목적이자 열매이고,
생명이야말로 소비의 목적이자 열매이기 때문이다.

두 달 전에 이 질문을 독자들의 사려에 던져 맡겨 둔 바 있
다.[42] 내가 직접 그 답을 주기보다는 스스로 고민하며 답해
보기를 바랐기 때문이었다. 이제 어느 정도 사전 정지整地작
업이 충분히 이루어졌기에, (그리고 지금까지 제기된 여러
문제들에 대해서 하나하나 세부적으로 파고 들어가는 것이
마땅하지만 그렇게까지 하기에는 잡지 간행물은 부적절한지
라 다른 기회를 기약할 수밖에 없으므로) 이 개론적인 성격
의 연재 논문을 마무리하면서 한 가지 심오한 진리를 각인시
키려 한다. "생명이 곧 부富다." 이 생명은 사랑과 환희와 경외
가 모두 포함된 총체적인 힘이다. 가장 부유한 국가는 최대
다수의 고귀하고 행복한 국민을 길러내는 국가이고, 가장 부
유한 이는 그의 안에 내재된 생명의 힘을 다하여 그가 소유
한 내적, 외적 재산을 골고루 활용해서 이웃들의 생명에 유

---

42 "누가 뭐라고 해도 인간다운 인간을 길러내는 것이야말로 가장 전도유망
한 사업이 아닐까?"; 제2편 〈부의 광맥〉 마지막 단락 참조 _역자주

익한 영향을 최대한 널리 미치는 사람이다.

별나라에서 온 경제학이라 생각될지 모르나, 사실 이 경제학이야말로 지금까지 존재해 온 유일한 경제학이었고 또 앞으로도 그러할 것이다. 개인의 이기심에 바탕을 둔 모든 경제학은 한 때 천국의 정치에 분열을 초래하고 천국의 경제에 파산을 부른 그 타락한 천사가 휘두른 경제학의 그림자에 지나지 않는다.

'최대 다수의 고귀하고 행복한 국민'을 길러내는 경제학이라 했는데, 과연 '고귀함'과 '다수'가 양립할 수 있을까? 그렇다고 믿는다. 양립할 뿐 아니라, 필연적으로 상호 공생하는 관계라고 믿는다. 최대 다수의 생명은 오직 최고의 미덕에 의해서만 가능하기 때문이다. 그렇기에 인간은 개체 수와 관련해서 동물과 차원이 전혀 다른 법칙 아래 살아가는 것이다. 동물의 번식은 먹이 부족과 종들 간의 먹이사슬에 의해 조절된다. 하루살이의 개체 수는 제비의 식욕에 의해 조절되고, 제비의 개체 수는 하루살이 개체 수의 감소에 의해 조절된다. 인간을 동물의 한 종으로 분류하면 다른 동물들과 같은 법칙 아래 그 개체 수를 조절해온 것을 발견하게 된다. 기

196

아나 전염병이나 전쟁은 인구의 증감을 조절하는 최적의 필수 장치였고… 그리고 지금까지는 꽤 효과적으로 작동해왔다. 인간이 모든 심혈을 쏟아 연구한 과제는 다른 인종을 얼마나 신속하게 제거하고 그들의 주거지를 황폐화시키는가였고, 인간이 최고 수준으로 연마한 기술은 다름 아닌 기근을 확산시키고 전염병을 전파하며 칼을 휘두르는 기술이었다. 그러나 다른 측면에서 인간을 동물과 구별 지어 보면, 인간의 개체 수의 증감이 동물의 법칙을 따르지 않는 부분도 있다. 신념과 사랑에 의해 그 개체 수가 조절되기도 한다. 물론 인간의 신념과 사랑에는 분명 한계가 있고, 또 그러한 것이 아무래도 팔이 안으로 굽어 제 식구를 먼저 챙기기 때문이다. 그렇지만 아직 그 한계에 달하지도 않았을 뿐 아니라 앞으로도 한참은 멀었다.

인간의 모든 사상 가운데 인구와 관련된 문제에 대해 경제학자들이 주장하는 견해만큼 우울하기 짝이 없는 사상을 알지 못한다. 노동자들의 생활여건을 개선하기 위해 임금을 올려줄 것을 제의하면 경제학자들은 이렇게 응답할 것이다. "그렇지 않소. 만약 임금을 올려주게 되면 자식을 줄줄이 낳아 결국 현재와 같은 빈곤에서 헤어 나오지 못하거나, 아니면 술값으로 임금을 모두 탕진해 버릴 것이오." 물론 그럴 것이라는 것을 나도 모르는 바가 아니다. 그런데 누가 노동자들을 그렇게 길들였는지 묻고 싶다. 만약 당신들이 말하는 그 노동자가 당신의 친아들이라고 하자. 그리고 당신의 아들을 고용해서 임금을 주면 그 돈을 가지고 코가 비뚤어지도록 술을 마시거나 열댓 명이나 되는 자식들을 낳아 교구에 민폐를 끼칠 것이므로 당신의 농장에 일자리도, 합당한 임금도 주지 않겠다고 선언한다면 나는 이렇게 물을 것이다. "누가 당신 아들을 그렇게 길들였습니까?" 유전 아니면 교육 둘 중에 적어도 하나는 분명하다. 가난한 사람들의 처지도 노동자와 마찬가지다. 가난한 사람들이 출생 자체가 본래 부유한 사람들과 달라서 구제할 수 없는 대상들이거나(공공연히 대놓고 이렇게 말하는 사람은 없어도 암묵적으로 그렇게들 동의하는 것을 본다.) 그렇지 않으면 부자들이 받은 교육의 효과로 우러러 닮기에 마땅한 신사들처럼 현명하여 육욕을 절제하고 냉철하여 분별력을 지니게 되거나 할 것이다. 이런 대답이 들려오는 듯하다. "하지만 그들은 교육을 받을 수 없지 않소." 왜 받을 수 없단 말인가? 바로 이것이 뜨거운 감자다.[43] 사회사업가들은 부자들이 저지른 가장 큰 잘못으로 가난한 사람들에게 식량을 나눠주지 않은 것을 지적한다. 그리고 굶주린 자들도 그들이 속임수로 빼돌린 고깃덩어리를 돌려달라고 만군의 주께 부르짖는다.[44]

아! 거절당해서는 안 되었을 것이 거절당한 고깃덩어리가 아니고, 호소하지 않으면 안 되었을 만큼 가장 절실한 것 또한 고깃덩어리는 아니거늘… 무엇보다도 생명이 음식보다

---

[43] 러스킨의 교육론에 대해서는 〈머리말〉과 부록 《간디 수필 모음집》 〈러스킨의 교육론에 대해〉를 참조 _역자주

[44] 신약 〈야고보서〉 5:4에서 인용. 여기서 나는 사회주의자들이 흔히 외치는 재산의 공동 분배를 말하려는 것도 아니고, 사실 그 사상을 조금의 지지도 하지 않음을 분명히 밝혀두는 바이다. 재산 분배란 곧 재산의 종말이자, 모든 희망과 노력과 정직의 종말일 뿐이다. 그것은 혼돈일 뿐이다. 경제학의 신봉자들을 꽉 잡아 붙들고 있는 혼돈이고, 나는 그 혼돈으로부터 사람들을 구하려 애쓰고 있는 중이다. 가난한 사람들이 굶주리는 이유는 부자들이 자신들의 부를 붙들고 놓지 않기 때문이 아니라 그 부를 천하게 쓰기 때문이다. 사람들이 다치는 이유는 힘센 사람이 자신의 힘을 절제하고 있기 때문이 아니라 그 힘을 악용하기 때문이다. 힘센 사람이 약한 사람을 괴롭히는 것을 보고 사회주의자는 "저 힘센 자의 팔을 부러뜨리자" 할 것이지만, 나는 "저 힘센 자가 그 팔을 좋은 일에 사용하도록 가르치자" 할 것이다. 부를 얻도록 인간에게 불굴의 의지와 지혜를 주신 신의 뜻은 획득한 부를 낭비하고 남에게 다 주어버리라는 것이 아니라, 그 부를 가지고 인류를 위해 봉사하라는 것이다.

중요하지 아니한가? [45]

　부자들이 가난한 자들에게 거절하고 있는 것은 식량만이 아니다. 지혜도 거절하고, 미덕도 거절하고, 구원조차도 거절하고 있다. 너희 목자가 없이 유리하는 양떼여, 너희에게 출입이 허용되지 않은 곳은 목초지가 아니라 신의 면전이로다. [46] 고깃덩어리? 물론 구하기 위해서 부르짖을 만한 것이지만, 그보다 먼저 구할 것은 다른 것들이다. 식사 시간을 위해 빵을 구하는가? 그럼 그 집의 귀한 아들과 딸처럼 식탁 위

즉, 바른 길에서 벗어난 사람을 돌이키고 약한 사람을 일으켜 세우는 데 사용하라는 것이다. 그래서 돈을 벌기 위해서 먼저 일하라고 명하셨고, 다음으로 그 돈을 쓰라며 안식일을 명하셨다. 안식일의 계율은 생명을 죽이는 것이 아니라 생명을 살리는 것이다. 가난한 사람이 가난한 것은 그들 자신의 잘못과 어리석음 때문이다. 어린 아이가 개울에 빠지는 것은 대개 그 아이의 부주의 때문이고, 절름발이가 길을 건너던 중에 미끄러져 넘어지는 것은 대개 그의 불구 때문이다. 그래도 대부분의 행인들은 아이를 개울에서 끌어안아 건져주고 절름발이를 도와 일으켜 세워 준다. 흑백 안경을 끼고 세상의 가난한 사람들은 하나같이 말을 듣지 않는 어린 아이나 부주의한 절름발이 같은 자들로 보고, 부자들은 모두 현명하고 건강한 자들로 보도록 하자. 그러면 모든 이들을 자기와 같이 가난하고 불구이며 어리석은 자들로 만들려는 사회주의자들도 옳지 않고, 어린 아이를 수렁에서 건지지 않고 내버려두는 부자들도 옳지 않다는 것이 한 눈에 보이리라.

45 신약 〈마태복음〉 6:25~26 참조 _역자주
46 구약 〈민수기〉 27:17 참조 _역자주

에 놓인 것을 구해야지 개처럼 바닥에 떨어진 부스러기를 구해서는 안 된다.[47]

그대여! 먹고 살 권리를 주장하되, 거룩하고 온전하고 순전한 삶을 살 권리를 보다 큰 목소리로 주장하라.

'노동자'앞에 어울리지 않는 수식어들이 붙은 것은 아닐까. "뭐, 거룩한! 길게 늘어뜨린 사제복도 입지 않고 성별聖別된 기름으로 안수 받지도 않은, 거친 작업복을 껴입고 거친 말을 내뱉으며 이름도 들어보지 못한 천한 일에 종사하는 그런 자들이? 아니 뭐, 온전한! 거슴츠레한 눈을 해 가지고 그 수족은 오그라들어 있고, 게다가 경經을 듣는 소와 같은 그런 자들이? 이번엔 뭐, 순전한! 온갖 음탕하고 음흉한 생각으로 가득 차 있고, 몸에서는 악취가 풍기고, 그 정신은 찌들대로 찌들어 있는 그런 자들이?" 그럴지도 모른다. 하지만 그럼에도 불구하고 그들이야말로 그 모습 자체로서 현재 지상에서 가장 거룩하고 온전하며 순전한 사람들이다. 그들에 대한 우리의 이미지대로 실제 그런 사람들일지도 모른다. 그렇다 하더라도, 그들을 그런 상태로 내버려둔 우리 자신들보다는 여

---

47 신약 〈마태복음〉 15:25 ~ 27 참조 _역자주

전히 더 거룩한 존재들이다.

하지만 그들을 위해서 무엇을 할 수 있단 말인가? 누가 그 많은 사람들을 입히고 가르치고 산아제한을 시킨단 말인가? 서로가 서로를 밟고 올라서는 것 외에 그들에게 과연 어떤 결말을 기대할 수 있단 말인가?

나는 경제학자들이 인구과잉 문제를 해결하기 위해 흔히 제안하는 세 가지 대책과는 전혀 다른 결말을 기대한다.

그 세 가지 대책이란 간단히 요약하면 식민지화, 황무지 개간, 그리고 결혼 제한이다.

이 세 가지 대책 가운데 첫째와 둘째는 그저 문제를 회피하거나 미뤄둘 뿐이다. 전 세계로 사람들을 이주하여 거주시키고 모든 황무지가 개간되려면 얼마나 오랜 세월이 걸릴지 도무지 견적이 나오지 않는다. 그러나 전 세계에 인간이 거주할 만한 땅의 면적이 얼마나 되느냐보다 더 중요한 문제는 일정 거주 면적당 인구밀도가 얼마가 되어야 적합한가 하는 문제이다.

일정 거주 면적당 인구밀도가 얼마나 '될 수 있는가'라고 묻지 않고 '되어야 적합한가'라고 물은 것을 유념해주기 바란다. 리카도는 여느 때와 마찬가지로 모호하게 그가 주창한 '현실적 임금률'에 대해 '노동자의 생계를 보장하는 임금률'로 정의 내리고 있다.

생계를 보장한다? 그렇다고 하자. "어떻게?"

리카도의 현실적 임금률론에 대한 대목을 읽어주었을 때, 한 여공의 입에서 즉각 튀어나온 질문이다. 그 여공의 질문을 끝까지 매듭지으면 이렇다. "어떻게 노동자의 생계를 보장한단 말인가요?"

첫째로 생각해 볼 수 있는 것이 어느 연령까지 보장하는가이다. 임금을 받는 일정 수의 노동자들 가운데 늙은이는 몇 사람이나 되고 젊은이는 몇 사람이나 되는가 말이다. 좀 더 구체적으로 물어, 병약해지거나 영양 부족으로 일찍 죽는 아이들을 포함해서 노동자들의 평균 사망 연령을 30세~35세에 맞춰 생계를 보장하기 위한 임금률을 결정한다는 말인가? 그게 아니면, 그들의 주어진 삶을 다 누리고 자연사하는 연령까지 생계를 보장한다는 말인가? 첫 번째 조건을 택할 경우, 빠른 세대교체로 인해 훨씬 많은 사람들이 혜택을 받을 수 있을 것이다. [48] 반면에, 두 번째 조건을 택할 경우, 혜택 받는 사람들의 만족도가 더 높아질 것이다.

리카도여, 그대는 도대체 노동자들이 처해있는 상황에 따라 임금률이 결정될 현실적인 상황이 어느 쪽이라고 생각하는가?

또, 게으르고 무식하고 하루 벌어 하루 살아가는 사람, 고작 열 명에게 생계 기반이 되는 몇 평의 땅이 의식 있고 부지런한 사람 서른 명 내지 마흔 명에게 생계 기반이 될 수 있다면…. 이런 경우에 노동자들이 처해있고 그에 따라 임금률이 결정될 현실적인 상황이 어느 쪽이라고 생각하는가?

또, 부지런하지만 무식한 사람 마흔 명이 그 땅을 생계 기반으로 잡고 있을 경우에도, 자신들의 무식에 진절머리가 난 나머지 그들 중 열 명을 선별하여 원뿔체의 속성과 별들의 크기 따위를 연구하게 했다면, 더 이상 땅을 갈지 않는 이 열 명의 노동은 어떤 방식으로든 식량의 증가로 환원되어야만 한다. 그렇지 않을 경우, 별과 원뿔체를 연구하도록 선별된 사람들은 굶주리거나, 아니면 누군가가 그들을 대신해서 굶

---

48 혜택 받는 사람의 수는 양쪽 경우 모두 같겠지만, 다만 혜택을 주는 방식이 다르다.

어야 하는 일이 발생할 것이다. 그렇다면 이 과학자들의 현실적인 임금률은 어떻게 되는 것이며, 그 임금률은 식량으로 변화되고 환원되어야 하는 이들 노동 생산의 특성을 어떻게 반영하고 산출해야한다고 생각하는가?

또, 노동자 마흔 명이 처음 얼마 동안은 경건한 마음을 가지고 상부상조하며 그 땅에서 생계를 꾸려가고 있었는데, 언젠가부터 그들 사이에 분쟁이 생기고 불미스러운 일들이 발생하면서 양쪽 당사자들을 중재하고 판결을 내려줄 다섯 명을 선별하게 되었다. 그리고 이 다섯 명의 판결을 집행하기 위해 다시 열 명을 뽑아 중무장시키고, 사람들에게 신의 존재에 대해 설득력 있게 각인시켜 줄 다섯 명을 또 따로 세웠다. 이러한 노동의 재편이 사회 전체의 생산력에 미치는 영향은 과연 무엇이며, 중재하고 완력을 행사하며 말씀을 전하는 노동자들을 위한 현실적 임금은 과연 무엇이라고 생각하는가?

이와 같은 문제들을 놓고 계속 논의할 것인지 아니면 현실적 임금률론을 철회할 것인지는 리카도의 제자들이 알아서 결정할 일이고, 나는 밀이 슬쩍 건드리다가 놓아둔 노동계급의 장래와 관련된 주요 실태들에 대해 논하려 한다.

그의 저서《경제학 원리》제4편 6장과 7장에서 밀은 다른 일반 경제학자들과 달리 자연환경의 가치를 어느 정도 인정하면서 자연경관이 훼손되는 것에 대해 우려를 표하고 있다. 하지만 이 점에 대해서는 아직까지는 안심해도 될 것 같다. 우리 인간은 수증기를 마실 수도 없고 돌을 씹어 먹을 수도 없다. 일정 면적 당 최대 인구밀도는 곧 인간이나 가축을 위한 최대 야채 생산량을 의미하고, 최대 야채 생산량은 곧 최대량의 맑은 공기와 깨끗한 물을 의미한다. 그러므로 공기를 정화시키는 최대 면적의 숲과, 그 위에 덮인 풀로 뜨거운 태양열을 차단해 주고 강에 물을 공급해 주는 최대 면적의 산비탈을 의미한다. 마음만 먹으면 영국 전체가 하나의 거대한 공업 단지로 변모할 수 있다. 영국인들은 인류애를 발휘하여 소음과 어둠과 유해가스 속에서 살며 그 수명을 단축시키는 희생을 감내할 수도 있다. 그러나 전 세계가 하나의 거대한 공장이나 광산이 될 수는 없다. 아무리 머리를 쥐어짜도 수백만 명의 사람들을 위해 강철을 식용으로 만들 수 없고, 수소를 포도주 대용으로 만들 수도 없는 노릇이다. 인간이 자신의 탐욕과 분노를 먹고 살 수 있는 것도 아니다.

소돔의 사과[49]에서 나온 잿가루로 산해진미를 차리고, 고모라의 포도에서 나온 독액으로 불로주를 담가 한 상 차릴 수 있을지 모른다.

하지만 모든 사람은 결국 빵을 먹고 사는 존재인 이상, 저 멀리 떨어진 골짜기들은 신이 내려주신 황금으로 뒤덮여 환한 웃음을 지을 것이고, 포도원과 우물 주위에서는 그의 백성들이 지르는 행복에 겨운 환호성이 드높이 울려 퍼질 것이다.

감상적인 경제학자들도 획일적인 기계 농업 방식이 지나치게 확산되는 것에 대해 우려할 필요는 없다. 현자賢者들이 존재하는 한, 그들은 식량만이 아니라 천국의 복 또한 추구할 것이기 때문이다. 지상에서 사람이 거주할 수 있는 땅을 '누릴' 지혜가 없고서야 그 지역의 인구가 최대치에 도달하

---

49 소돔의 사과 : 가지과에 속한 관목. 열매는 사과처럼 먹음직스러워 보이지만 만지면 터져 하얀 털을 단 씨앗들이 잿가루처럼 바람에 날린다. 겉은 화려하여 번영한 듯 보이지만 그 속에 가득한 죄악으로 인해 불의 심판을 받아 잿더미로 변한 도시 소돔과 고모라를 상징한다. 구약 〈창세기〉 19:23 ~ 29 참조. 고모라의 포도에 대해서는 〈신명기〉 32:32 ~ 33 참조 _역자주

는 일도 없을 것이다. 사람이 살 수 없는 광야도 나름의 위치와 역할을 가지고 있다. 광야는 영구한 동력 기관으로 지축은 그 기관의 회전축이고, 회전 주기는 1년이며, 뿜어내는 배기가스는 광활한 모래 바다이다. 이 동력 기관의 표면은 부서지지 않는 단단한 암석 덩어리로 만들어졌고, 그 내부에는 통제 불능의 모래 폭풍이 휩쓸고 다니면서 차디찬 서리와 매우 뜨거운 불의 힘을 그 황량한 사막의 왕국들에게 무차별적으로 나누어 줄 것이다. 하지만 왕국과 왕국 사이 사람이 거주할 수 있는 중간 지대야말로 사람이 거주하기에 가장 아름다운 곳일 것이다.

마음에 소원하는 것이 눈을 밝혀준다. 언제나 바라봐도 변함없이 질리지 않는 아름다운 풍광은 인간의 보람찬 노동으로 풍요로워진 경관이 유일하다. 평온한 들판, 아름다운 정원, 주렁주렁 열매가 가득한 과수원, 정리 정돈되고 즐겁고 안락한 집, 그리고 아이들의 활기찬 목소리가 들려오는 곳을 바라보라. 침묵이 있는 곳엔 감미로움도 없는 법이다. 새들이 짹짹 지저귀는 소리, 풀벌레들이 찌르르 우는 소리, 사내들이 울려대는 굵고 낮은 목소리, 반항하는 아이들이 꽥꽥

질러대는 소리…. 우리 귀에 나직이 속삭이는 이런 소리들이 충만할 때 인생은 감미롭다.

인생을 배워 나갈수록 미美적인 것들 하나하나가 모두 없어서는 안 되는 귀한 존재들이라는 것을 마침내 깨닫게 될 것이다. 인간이 경작한 곡식만이 아니라 길가에 핀 이름 모를 들꽃도 없어서는 안 되는 존재이고, 집에서 기르는 가축만이 아니라 숲속에 사는 새와 동물들도 없어서는 안 되는 존재라는 점이다. 사람이 빵만으로 사는 것이 아니라 광야의 만나,[50] 즉 지존자의 입에서 나오는 신비로운 말씀으로 살고 전능자의 손이 이루는 상상조차 할 수 없는 역사로 살기 때문이다.

신의 말씀과 역사 속에서 사는 이는 그 자신도 알지 못했고 그의 선조들도 알지 못했던 행복을 경험할지니, 자신의 경이로운 존재감이 주변으로 무한대로 펼쳐나가는 행복을

---

50 만나 : 히브리어로 '무엇'이라는 뜻이다. 이집트를 탈출한 고대 이스라엘 민족이 가나안 땅을 향해 광야로 걸어가는 동안 그들의 신이 약속한 그대로 40여 년 간 안식일 하루를 제외한 나머지 6일 동안 새벽마다 하늘에서 내려준 음식이다. 이스라엘 민족이 농경 사회였던 가나안 땅에 들어가 정착하면서부터 그쳤다. _역자주

느낄 것이다.

마지막으로 기억해 둘 것은, 천국의 참된 복을 향해 인류가 더 가까이 걸어가기 위해서는 공동체적 노력만이 아니라 각 개인의 노력 역시 필요하다는 것이다. 물론 사회적인 대책이 도움이 될 수도 있고, 특정 법을 개정함으로써 진보를 이룰 수도 있을 것이다. 하지만 대책과 법이 먼저 마련되어야 할 곳은 각 개인의 가정이다. 제법 사회적으로 명망 있는 사람들이 국가와 사회에 대해 불평하는 자신들보다 사회적 위치가 낮은 이웃에게 "모든 것이 다 신의 섭리이니 현재 처지에 만족하시게"하고 충고하는 것을 종종 들을 수 있다. 어떤 인생의 모습 가운데는 사람들을 만족시킬 신의 의도가 그 섭리 가운데 전혀 없는 경우도 아마 있을 것이다. 그럼에도 불구하고, 아래 교훈은 다 피가 되고 살이 되기에 특별히 가훈으로 삼아 집안에 걸어둘 만하다.

"당신의 이웃이 자신의 처지에 만족하든 말든 그것은 당신이 상관할 바가 아니다. 당신이 상관할 바는 당신이 자신의 처지에 대해 자족하고 있는가 하는 것이다."

오늘날 영국 사회에 가장 시급히 필요한 것은 탄탄한 재력을 갖춘 사람 중에 검소하고, 주위의 인정을 받고, 근면한 삶을 살고 있는 사람이 누리고 있는 삶의 희락이 과연 어느 정도인가를 제시하는 것이다. 이를 위한 본보기가 될 인물들은 세상에 자신의 이름 석 자가 알려질지의 여부는 하늘의 뜻에 맡겨 둔 채, 행복한 인생을 살기로 스스로에게 다짐하기 때문에 더욱 많은 부보다는, 보다 소박한 기쁨을 추구하고, 보다 많은 액수의 재산보다는, 보다 깊은 천국의 보물을 추구하고, 마음속에 있는 것을 재산목록 제1호로 삼고, 자만이 아닌 자존감이 높고, 화평과의 잔잔한 사귐을 통해 스스로를 존귀하게 높이는 그런 사람들이다.

그러한 온유한 화평에 대해서 "의와 서로 입 맞추었다"라고 기록되어 있고, 의의 열매에 대해서는 "화평하게 하는 자들이 화평으로 심어 거둔다"[51]라고 기록되어 있다.

여기서 '화평하게 하는 자'는 흔히 말하는 '중재자Peace-Maker', 즉 분쟁을 조정하는 자가 아니라(이 역할 역시 다음에 말하려는 보다 더 중요한 역할에서 당연히 기대되는 것이긴 하지만) '평화의 창조자Peace-Creator', 즉 '평온을 가져다

---

[51] 구약 〈시편〉 85:10과 신약 〈야고보서〉 3:18 참조 _역자주

주는 자Giver of Calm'를 뜻한다. 소유하고 있지도 않은 온유한 화평을 결코 다른 이에게 줄 수 없고, 이를 얻기 위해 반드시 시장에 가야 하는 것도 아니다. 상거래를 통해 얻고자 하는 목록 가운데 화평보다 더 얻기 힘든 목록도 없을 것이다. 왜냐하면 장사란 그 근본부터가 분주하고, 아니 경쟁적이란 표현이 더 적합할지도 모르며, 다른 사람이 먹다가 버린 썩은 고기를 찾아 여기저기 분주히 날아다니는 까마귀 같은 속성을 가지고 있기 때문이다. '장사'를 뜻하는 여러 나라 말에도 이런 속성이 반영되어 있다. 그리스어 '펠로πελω, 밀어내다'에서 파생된 '폴레인πωλειν, 팔다'; '페라오περαω, 가로 지르다'에서 파생된 '프라시스πρασις, 매각'; 라틴어 '베니오venio, 오다'에서 파생된 프랑스어 '브니르venir, 오다', '방드르vendre, 팔다', 그리고 영어 '비날venal, 매수되는' 등등. 이에 반하여, 올리브 열매를 먹고 그 가지를 물어 나르는 새[52]는 내려앉아 날개를 쉴 곳을 찾아다닌다. 그래서 지혜가 "그의 집을 짓고 일곱 기둥을 다듬는다"[53] 하였다.

비록 지혜는 먼 곳으로 집을 떠날 때에 집 문간에서 오랫동안 망설이는 성향이 있긴 하지만, 결국 평강의 길을 걷는다.[54] 어떤 경우에도 지혜의 능력은 현관문에서부터 발휘되어야 한다. 경제학은 결국 '집을 다스리는 법도'[55]이기 때문이다.

따라서 집안 법도의 기강을 엄격하고 간단명료하고 관대하게 세우도록 애써야 한다. 그리하여 아무것도 함부로 버리는 것이 없도록 하고, 아무것도 인색하게 움켜쥐는 것이 없도록 해야 한다. 또한 돈을 많이 벌려고 마음을 쓰기보다는, 돈을 적당하게 사용하는 데 마음을 쓰도록 해야 한다.

한편으로는 일상생활을 영위하는 데 없어서는 안 될 중대한 경제의 법칙과 그 근본을 늘 명심해 두어야 한다. 즉, 한 사람이 무언가를 소유하면 다른 사람은 그것을 소유할 수 없는 법, 그리고 어떤 종류이든지 사용하고 소비한 모든 물건에는 그만큼 누군가의 생명력이 소비되는 법, 그래서 그 결

---

52 평화의 상징인 비둘기를 지칭함. 구약 〈창세기〉 9:6 ~ 12 참조 _역자주

53 구약 〈잠언〉 9:1 인용. 숫자 일곱은 이스라엘인에게 있어 '완전함'을 상징한다. _역자주

54 구약 〈잠언〉 3:17 참조 _역자주

55 '경제'를 뜻하는 영어 economy는 '가정 관리'라는 뜻의 그리스어 '오이코노미아(οικονομία:'집'이라는 뜻의 οικος와 '관리'라는 뜻의 νομία의 합성어)'에서 파생되었다. _역자주

과로 생명을 계속 유지할 수 있게 되거나 더 풍성하게 누리게 된다면 그것은 결과적으로 성공한 소비가 되는 것이다. 반대로 생명을 약화시키거나 살육했다면 그것은 결과적으로 실패한 소비가 되는 것임을 늘 명심해 두어야 한다.

다시 말해서, 첫째로 물건을 살 때마다 먼저 이 구매가 물건 생산자의 삶에 어떤 영향을 미칠지를 생각해야 한다.

둘째로 지불하는 돈이 생산자가 생명을 소비한 가치에 합당한지, 그리고 그 가치만큼 합당한 비율의 이윤이 그에게 분배될지를 생각해야 한다.[56]

셋째로 구입하는 물건이 음식과 지식과 만족감 같은 생명에 유용한 것들을 위해 얼마나 긍정적으로 소용될 것인가를 생각해야 한다.

넷째로 구입한 물건이 누구에게 어떤 방식으로 가장 신속

---

[56] 최초의 생산자에게 지급되는 합당한 보수에 대한 문제를 더 깊이 다루기 전에, 중개인들 ─ 감독자(혹은 작업반장), 운송업자(도매상인, 선원, 소매상인 등), 상점 직원(소비자의 주문을 받기 위해 고용된 사람)의 합당한 역할에 대해 먼저 검토하고 정립하는 것이 마땅하다. 다만 이 개론적인 성격의 논문에서 지금까지 다루지 않았던 이유는 중개 역할의 오용으로 인해 발생한 폐해들이 현대 경제학에 수반되는 원칙으로부터 파생된 결과라기보다는 개개인의 인식 부족과 양심 결여가 낳은 결과이기 때문이다.

하고 효과적으로 분배되고 있는가를 생각해야 한다.

모든 상거래는 투명하게 이루어지고 그 계약은 한 치도 틀림없이 이행되도록 하며, 그리고 계약의 이행은 착오 없이 순탄하게 이루어지도록 해야 한다.

마지막으로 일상 용품을 거래하는 시장에서는 특별히 순정품만 팔도록 요구해야 한다. 이와 함께 일상의 평범한 행복을 추구하는 방법과 이를 가르치는 방법을 다각도로 모색해야 한다. 또한 "당아욱과 수선화만으로도 만족스러워"[57] 할 수 있음을 깨닫도록, 즉 만족은 맛보는 음식의 양이 아니라 맛보는 사람의 즐기는 마음과 인내심에 달려있음을 깨닫도록 돕는 방법도 모색해야 한다.

충분한 시간을 두고 이러한 경제 원리들을 가지고 솔직하게 자신에게 자문해본다면, 그 누구든 자신의 주위로 선처를 호소하고 권리를 주장하고자 모여든 사람들 앞에서, 적어도 당분간만이라도 사치와 거리가 있는 삶의 방식을 택하지 않을까 싶다.

---

57 고대 그리스 철학가 헤시오도스의 《노동과 나날》 제41행 인용. 당아욱 이파리와 수선화 뿌리는 고대 그리스 평민들의 기본 주식이었다. _역자주

자신의 사치로 인해 주변 사람들이 치러야 할 고통을 생생하게 목격한다면, 설령 사치가 죄가 되지는 않는다 해도, 그 누가 사치스런 삶을 마음에 두고 소원하겠는가. 사치, 그냥 사치가 아니라 무결하고 고상한 사치는 진정 미래에서나 모든 사람에 의해 모든 사람을 위해 가능해질 것이다. 현재는 참된 경제학에 대해 무지한 자들만이 사치를 누릴 수 있다. 현존하는 사람들 가운데 가장 잔혹한 사람일지라도 눈가림을 당하지 않고서야 자신이 베푼 호화향연을 태연히 바라볼 수는 없으리라. 눈가리개를 과감히 벗어버리고 빛을 응시하라. 아직 두 눈을 빛낼 눈물이 채 마르지 않고, 몸을 빛낼 삼베옷[58]을 아직 벗지 않았다면, 울며 씨를 뿌리러 나가라.

때가 되면 하나님의 나라가 오리니, 그때에는 그리스도의 생명의 양식과 평강의 유업이 너희에게와 같이 "나중에 온 이 사람에게도"[59] 주어지리라.

그때가 되면 지상의 서로 반목하는 악덕한 자들과 삶에 지친 자들 사이에도 옹기종기 둘러앉은 식구들 사이에서 이루

---

58 삼베옷 : 고대 유대인의 상복이나 참회복으로 우리나라의 전통 상복과 같이 누런색이다. _역자주

어지는 화목보다 더 온전한 화목이 임하리라. 그곳에서는 악한 자가 소요를 그치고 피곤한 자가 쉼을 얻으니, 평온한 경제가 이루어지리라.

---

59 러스킨은 신약 〈마태복음〉 20:14에서 예수의 말을 인용해 이 책의 제목으로 삼았다. _역자주

부록

---

1. 간디, 러스킨을 말하다
2. 연보로 읽는 러스킨의 생애

마법의 책, 마법의 주문
《간디 수필 모음집》 중에 제1권, 29-30쪽

그가 기차역에 마중 나와서는 내가 분명 좋아할 거라며 여행하는 동안 읽으라며 책 한 권을 건네주었다. 존 러스킨이 쓴 《나중에 온 이 사람에게도》였다.

그의 책을 읽기 시작한 이후로 도저히 내려놓을 수가 없었다. 나는 사로잡혔던 것이다. 기차는 저녁이 되어서야 도착했다. 그때까지 밤새 나는 잠시도 눈을 붙이지 않았다. 러스킨의 가르침에 따라 내 삶을 바꾸기로 결심했다.

이 책은 러스킨이 저술한 책 중 내가 읽은 첫 번째 책이었다. 대학에서 교육을 받던 시절에는 수업 시간에 사용하던 교재 외에 다른 책은 읽지 않았고, 대학 문을 나서고 삶의 현장에 뛰어들고 나서부터는 책을 읽을 여유가 없었다. 그렇기에 내 독서량은 짧기가 그지없다. 하지만 워낙 몇 권 안되기에 모두 까먹지 않고 기억하고 있다. 게다가 어떻게 보면 적은 책을 읽은 만큼 한 권 한 권 깊게 읽었다고 볼 수도 있겠다. 그중에서 내 삶을 송두리째 뒤바꾼 책 한 권을 들라면 바로 《나중에 온 이 사람에게도》를 들겠다.

후에 이 책을 구자라트어로 번역해서 《사르보다야 Sarvodaya》, 풀어쓰면 《모든 사람의 깨달음》이란 제목으로 출간하였다.*

러스킨의 책을 통해 깨달은 점들은 다음과 같다.

첫째, 개인의 이익이 모든 사람의 이익보다 우선될 수 없다.

둘째, 노동을 통해 생존권을 확보한다는 점에서 변호사의 직무나 요리사의 직무나 그 가치는 동일하다.

셋째, 농부의 삶과 직공의 삶과 같이, 노동하는 삶이야말로 가치 있는 삶이다.

위의 첫째는 이전에도 깨달았던 것이었다. 둘째는 어렴풋이나마 이해했던 것이었다. 그러나 셋째에 대해서는 실로 무지했었다. 러스킨의 책이 대낮의 태양같이 밝혀주어 두 번째와 세 번째 깨달음이 첫 번째 깨달음에 속한 것임을 이해하

---

* **사르보다야 운동** : 간디가 주창한 운동으로, 모두의 이익을 위해 함께 일하며 깨달음을 얻어 행복한 공동체를 이뤄가는 운동이다. _역자주

게 되었다. 새벽이 되어 동이 터 옴과 동시에 일어나 이 깨달음들을 실천에 옮길 채비를 하였다.

존 러스킨의 교육론에 대하여
《간디 수필 모음집》 중에 제1편, 30-31쪽

1932년 3월 28일

존 러스킨은 위대한 저자이자 선생이고 경건한 사상가이다. 그의 책 가운데 한 권이 나에게 아주 지대한 영향을 미쳤고, 이 한 권의 책에 감명 받은 후로 나의 인생의 행로가 어떻게 극적으로 바뀌었는지도 아시람Ashram, 힌두교도들이 모여 수행하는 수도원 같은 곳의 모든 수행자들은 이미 알고 있으리라 짐작하는 바이다. 러스킨은 1871년에 한 달에 한 번씩 공장 노동자들에게 편지를 써 보내기 시작했다고 한다. 톨스토이가 몇몇 논고를 통해서 그의 편지들에 찬사를 보낸 부분을 읽어보았지만, 직접 편지를 읽어볼 기회가 최근까지 없다가 이제 첫 번째 편지를 읽게 되었다.

그의 편지에 드러난 사상들은 아름답기 그지없고 게다가 우리의 사상과도 비슷한 점들이 있어, 혹 어떤 외부인이 나의 저술에도 기술되어 있고 우리 공동체에서 실천하고 있는 사상들이 러스킨의 편지에서 '훔쳐온 것'이 아니냐는 오해를 해도 이상하지 않을 정도다. 독자들이 '훔쳐온 것'에 대해 나와 같은 의미로 사용하는지 확인하려는데, 누군가의 철학과 사상을 도용하였음에도 마치 자신의 고유의 것인 양 말할 때 사용하는 표현이다.

러스킨은 공장 노동자들에게 보내는 그의 편지를 통해 다양한 주제들을 다루고 있다. 여기서는 그 중에 몇 가지만을 다루도록 하겠다. 러스킨은 그 기간이 얼마나 짧든 길든, 그 내용이 얼마나 빈약하건 간에 상관없이 어떻게든 교육을 받는 것이 전혀 교육을 받지 않는 것보다는 낫다는 사람들의 상식적인 생각이 너무 순진하다고 비판한다.

참된 교육만을 추구해야 한다는 것이 그의 지론이다. 또한 그는 모든 인간은 세 가지 지식과 세 가지 미덕을 반드시 갖추어야 한다고 주장한다. 누구든지 이 여섯 가지를 함양시키지 못하는 자는 인생의 비밀을 깨닫지 못한다는 것이다. 그러므로 교육의 목적이란 자고로 이 여섯 가지에 대한 이해를 키우는 것이란 논리다. 남자 아이든 여자 아이든, 모든 아이들은 맑은 '공기'와 깨끗한 '물'과 비옥한 '토양'의 특성에 대해 배워야 하고, 또한 이 환경을 어떻게 지키고 누려야 하는지도 배워야 한다는 것이다.

이를 위해 그가 제안하는 인간이 갖추어야 할 세 가지 미덕은 '감사'와 '소망'과 '사랑'이다. 누구든지 진리를 사랑하지 않고 인생의 아름다움과 깊은 의미를 깨닫지 못하는 자들은 자기세계 안에 갇혀 하늘로부터 내려오는 기쁨을 만끽하지 못한 채로 살아가게 된다. 이와 마찬가지로, 소망 없이 살아가는 자, 곧 신의 공의에 대해 믿음이 없이 살아가는 자들은 그 마음이 늘 우울하기 마련이다. 사랑 없이 살아가는 자, 모든 살아 움직이는 생물들을 자신의 친지와 친척으로 여기는 '아힘사ahimsa, 不殺生'의 정신이 없는 사람 역시 인생의 비밀을 절대 깨닫지 못하는 법이다.

러스킨은 이러한 생각들을 그의 유려한 문장으로 장문에 걸쳐 기술하였다. 언젠가 그의 철학을 아시람의 모든 형제들이 이해할 수 있는 언어로 저술하고 싶은 바람이 나에게 있다. 오늘은 위에 소개한 정도로 만족하려 한다. 그리고 마지막으로 한 가지, 러스킨이 그의 영국인 독자들을 위해 완성도 높게 쓴 명문장에서 피력한, 그리고 우리 역시 투박한 사투리로 논하며 실천하고자 했던 그 사상에 대해 말하려 한다. 영어와 구자라트어를 비교하려는게 아니라, 러스킨과 나간디를 비교하려는 것이다. 나는 러스킨의 그 엄청난 필력을 감히 흉내낼 수 조차 없다. 하지만 우리 고유어에 대한 사랑이 온 국민들 가운데 편만해지고, 그중에서 러스킨과 같은 저술가들이 나와 그가 영어로 전하고자 한 요체들이 구자라트어로 역설力說될 날이 언젠가 도래하리라 믿는다.

⊰⊱═◌ **성장기** ◌═⊰⊱

1819

2월 8일, 주류업으로 성공을 거둔 실업가인 스코틀랜드 출생의 존 러스킨John James Ruskin의 아들로 런던에서 출생하다.

철저한 청교도였던 어머니 마가렛 러스킨Margaret Cox Ruskin의 조기교육 아래 성경을 읽으며, 유복한 아버지의 영향으로 고전문학과 낭만파 문학을 접하다.

런던의 미술관들을 즐겨 찾으며 예술에 대한 사상적 기초를 마련하다.

1833

가족과 유럽여행 중 스위스 알프스 산의 광경에 매료되다.

- **1836**

아버지의 사업 동업자 페드로 도메크의 딸인 아델레 도메크 Adele Domecq와 첫사랑에 빠지다.

목사가 되기를 바라는 어머니의 감시 속에 옥스포드 대학에 서 수학하다.

- **1837**

1년 동안 《건축 학술지》에 〈건축의 시학詩學〉이라는 제목으 로 글을 연재하다.

스위스의 오두막집을 그린 드로잉 (1837)
《건축의 시학》에 삽입되었다.
출처: 《존 러스킨의 작품 모음집》제 1권 34쪽.

1839

〈살세티Salsette〉와 〈코끼리〉로 옥스포드 대학 '뉴디게이트 상The Newdigate Prize'을 수상하며 본격적으로 문학의 길을 걷게 되다.

시인 윌리엄 워즈워스William Wordsworth, 1770~1850를 만나다.

청교도였던 어머니의 반대로 로마 가톨릭 교도였던 아델레 도메크와 헤어지다.

1840

낭만주의 화가 윌리엄 터너William Turner, 1775~1851를 만나다.

아델레 도메크는 프랑스 남자와 결혼하다.

폐병 초기 진단을 받고 9월부터 이듬 해 6월까지 요양차 이탈리아를 시작으로 스위스를 거쳐 돌아오는 여행길에 오르다.

여행길에 들른 프랑스의 니스Nice를 그린 드로잉 (1840)
출처: 《존 러스킨의 작품 모음집》 제 1권 378쪽.

- **1841**

미래의 아내가 될 에피 그레이Effie Gray, 1828~1897를 위해《황금 강의 왕The King of the Golden River》을 저술하다.

- **1842**

옥스포드 대학을 졸업하다.

<hr/>

⊹═◦ 결혼 시절 ◦═⊹

- **1843**

5월에 무명으로《근대화가론Modern Painters》을 출간하며 주로 수채화와 판화를 그린 풍경화가 윌리엄 터너를 옹호하다.

- **1845**

이탈리아 북부 지역으로 향한 여행에서 중세 건축물과 조각물의 아름다움을 두 눈과 도화지 위에 새기다.

이탈리아 북부 루카 지방에 있는 성 미카엘 성당을 그린 수채화 (1845)
출처: 《존 러스킨의 작품 모음집》 제 3권 206쪽.

1846

그의 예술사상에 새로운 전환점이 된 《근대화가론》 제2권을
출간하다.

1848

4월 10일, 부모의 탐탁치 않은 승낙과 함께 집안 친척이었던
에피 그레이와 결혼하다.

1849

도덕적 원리와 종교적 미학론에 기초하여 중세 건축미를 논
한 《건축의 일곱 등불The Seven Lamps of Architecture》을 출간

하다.

11월부터 이듬 해 3월까지 이탈리아 베니스에 머물며《건축의 일곱 등불》에서 제시한 원리의 실제를 확인하고자 도시 건축 구조물을 연구하다.

 1850

《시 모음집》과《황금 강의 왕》을 출간하다.

 1851

화가 윌리엄 터너가 사망하다.

진보적인 미술가 그룹이었던 라파엘 전파Pre-Raphaelite Brotherhood *의 회원이었던 존 에버렛 밀레이, 단테 가브리엘 로세티, 그리고 윌리엄 홀먼 헌트 등과 교류하다.

 1852

6월,《베니스의 돌The Stones of Venice》 제1권을 출간하다.

---

* **라파엘 전파** : 19세기 중엽 영국에서 일어난 예술운동으로, 라파엘로 이전처럼 자연에서 겸허하게 배우는 예술을 표방한 유파로 영국 왕립아카데미에 다니던 젊은 화가들이 1848년에 결성하였다. _역자주

이탈리아 베니스의 갖가지 기둥 문양을 연구한 목판화
《베니스의 돌》에 삽입되었다.
출처: 《존 러스킨의 작품 모음집》 제 11권 12쪽.

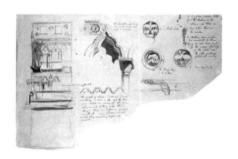

《베니스의 돌》의 원고 용지;
뉴욕 모간 박물관 소장(The Morgan Museum, New York)

• **1853**

《베니스의 돌The Stones of Venice》 제2권과 3권을 출간하다.

아내와 함께 밀레이 가문 형제들을 대동하고 스코틀랜드 북부 고지대를 여행하다.

남편의 친구였던 화가 존 밀레이가 왕립미술원 회원으로 선출되어 미래가 보장되자 에피 그레이는 그와 불륜을 저지르다.

• **1854**

결혼생활에 파경을 맞다.

이혼을 둘러싼 소송에서 그의 성불능 장애에 대해 운운하는 논의까지 있었다.

노동자 대학에서 그림을 가르치고 예술론을 강의하다.

《예술과 건축에 대한 강의록》을 출간하다.

• **1855**

전 아내가 존 밀레이와 재혼하다.

1856

《근대화가론》 제3권과 4권을 출간하면서 자연경관에 대한 낭만적 예술 사조에 대해 다루다.

블라티아 산 봉우리(1856, 프랑스)
출처: 《존 러스킨의 작품 모음집》 제 6권 230쪽.

1857

《드로잉의 기본The Elements of Drawing》과 《예술정치경제론 The Political Economy of Art》을 출간하다.

1858

종교심이 강했던 열 살의 아일랜드 소녀 로즈 라 투셰Rose La Touché, 1848~1875를 만나 사랑에 빠지다.

그녀가 18세가 되어 법적으로 성인이 되는 1866년까지 청혼을 기다리다.

- **1860**

제5권을 끝으로 《근대화가론》을 완결짓다.

《콘힐 매거진Cornhill Magazine》에 정치경제학 논문을 연재하

지만 독자들의 거센 반발로 네 편을 연재하는데 그치다.

러스킨의 자화상 (1861, 수채화)
출처: 《존 러스킨의 작품 모음집》 권두화보 제 17쪽.

- **1862**

이 연재 논문들을 책으로 엮어 《나중에 온 이 사람에게도Unto

This Last》를 출간하다.

1863

독자들의 반발로《콘힐 매거진》에서 채 마치지 못한 정치경제학 논문을 1962년부터《프레이저 매거진Fraser's Magazine》에 마저 연재하다.

이를 1872년에 책으로 엮어《무네라 풀베리스Munera Pulveris》를 출간하다.

스위스 제네바에서 지친 몸과 마음을 추스르다.

1864

3월 2일, 아버지가 사망하며 막대한 유산을 남기다.

《교통론Traffic》과《국왕의 금고에 대해Of King's Treasuries》를 저술하다.

⊷═⊙ 옥스포드 대학 교수 재직 시절 ⊙═⊷

1865

《참깨와 백합Sesame and Lilies》 출간하다.

1866

18세가 되어 법적으로 성인이 된 로즈 라 투셰에게 그의 나이 47세에 청혼하나 사회주의자이자 무신론자라는 이유로 거절당하다.

고통스런 격정의 시기를 보내다.

위닝턴에 있는 한 여학교에 자주 들러 여자 아이들에게 지리학을 가르치며 주고 받은 대화들을 기록한《티끌의 윤리학 The Ethics of the Dust》을 출간하다.

노동자 협회 강의록인《야생 올리브 화관The Crown of Wild Olive》을 출간하다.

1867

노동자들에게 보낸 편지들을 모아 엮은《시류와 조류Time and Tide》를 출간하다.

1869

《근대화가론》에 기초한 사상을 바탕으로 그리스 신화에 대해 연구한《하늘의 여왕The Queen of the Air》을 출간하다.

옥스포드 대학 슬레이드 예술 석좌 교수에 임명되다.

1871

런던 거리 청소와 옥스포드 도로 보수 등 실험적인 사회운동을 펼치다.

노동자들에게 보내는 편지인《포르스 클라비게라Fors
Clavigera》를 1878년까지 매달 발행하다.

12월 5일, 어머니가 사망하다.

덴마크힐에서 브랜트우드로 이사하다.

목도리를 맨 러스킨의 자화상 (1873, 수채화)

─◦═══ 말년 시절 ═══◦─

1875

정신병으로 27세의 나이에 로즈 라 투셰 사망하다.

1878

정신쇠약으로 인해《포르스 클라비게라》발행을 중단하다.

◦ 1879

옥스포드 대학 교수직에서 사임하다.

떡갈나무 새순 (1879)
출처: 《존 러스킨의 작품 모음집》 제 38권 271쪽.

◦ 1880

정신질환이 회복세를 보이자 《포르스 클라비게라》를 재발

행하다.

《예술정치경제론》의 확장판인 《영원한 기쁨 A Joy For Ever》

을 출간하다.

◦ 1883

재신임을 통해 옥스포드 대학 교수직에 복귀하여 빅토리안

예술 사조에 대해 강의하다.

1885

'과거지사'라는 뜻의 자서전《프라이테리타*Praeterita*》저술하

기 시작하나, 정신질환으로 인해 미완성으로 그치다.

1894년 9월의 어느 날, 브랜트우드 자택에서 생각에 잠긴 노년의 러스킨
출처:《존 러스킨의 작품 모음집》의 권두삽화 제 35쪽.

1900

1월 20일, 사망하여 코니스톤 교회묘지에 안장되다.

묘비에 'Unto This Last' 라는 문구가 새겨지다.